José Joaquín Fernández de Lizardi

Don Catrín de la Fachenda

edición
María Eugenia Mudrovcic

- STOCKCERO -

1st. Stockcero edition: 2009

ISBN: 978-1-934768-29-7

Library of Congress Control Number: 2009940101

Set in Linotype Granjon font family typeface
Printed in the United States of America on acid-free paper.

Published by Stockcero, Inc.
3785 N.W. 82nd Avenue
Doral, FL 33166
USA
stockcero@stockcero.com

www.stockcero.com

José Joaquín Fernández de Lizardi

Don Catrín de la Fachenda

Indice

Introducción

Don Catrín de la Fachenda o el orden colonial que fracasa

> Fashion, which indeed's the best
> Recommendation; and to be well drest
> Will very often supersede the rest.
> Lord Byron

1. La sociedad novohispana a principios del Siglo XIX

Considerada la época de oro de la colonia, la segunda mitad del siglo XVIII fue un período de relativa opulencia para la Nueva España. La minería que hacia 1770 constituía la base del sistema exportador mexicano, llegó por entonces a triplicar la cantidad extraída de oro y plata alcanzando cifras equivalentes al total de la producción agrícolo-ganadera, un sector que, en contraste con el minero, atravesaba una situación más precaria y menos promisoria. Con ganancias sujetas a la fluctuación caprichosa de precios, los hacendados (en su mayoría criollos) se veían además afectados por los altos préstamos e hipotecas que gravaban sus tierras. La iglesia que actuaba de entidad prestamista para el sector rural, consolidaba de este modo su relación de dependencia económica con la élite criolla a la vez que redoblaba los alcances de su poder latifundista (según cifras de Lucas Alamán a principios del siglo XIX el alto clero era dueño de la mitad de los bienes raíces de la Nueva España). Pero ni la iglesia ni los hacendados se beneficiaron del crecimiento derivado del auge minero de fines del Siglo XVIII sino el sector comercial controlado por unas cuantas firmas exportadoras asentadas en Veracruz y en la ciudad de México que gracias al decreto de «comercio libre» de 1778 habían logrado emerger como el sector económico dominante.

Aunque celebrada, la sensación de bonanza fue pasajera. A fin de financiar las guerras en que estaba enfrascada, la corona española no tardó en introducir una serie de medidas administrativas tendientes a aumentar la recolección de impuestos y exacciones provenientes del Nuevo Mundo. Tan pronto como fueron implementadas en 1786, las reformas impositivas empezaron a arrojar dividendos considerables. Se calcula que a principios del Siglo XIX, las colonias enviaban casi 10 millones de pesos anuales a España en concepto de impuestos (de los cuales las tres cuartas partes procedían de la Nueva España). «La explotación colonial –afirma Villoro– había llegado a su punto máximo» (598). La iglesia, y junto a ella, los hacendados que dependían de sus préstamos e hipotecas –es decir, los sectores que al carecer de capacidad para acumular capital, fueron los más castigados por la sangría impositiva– protestaron repetidas veces contra las reformas y solicitaron sin éxito la reducción de impuestos. Como toda respuesta, en diciembre de 1804 un decreto real ordenó la efectivización de las hipotecas existentes, imponiendo así una medida que, de acuerdo a cifras estimadas de la época, afectaba a más de dos tercios del capital productivo de la Nueva España y dejaba en la ruina a gran número de propietarios rurales y pequeños industriales beneficiados hasta entonces por el sistema de créditos a largo plazo.

Los efectos de la célula real de 1804 no tardaron en hacerse sentir, sobre todo, en los grandes centros urbanos. Las ciudades se vieron (literalmente) invadidas por la llegada de mano de obra rural en busca de trabajo lo que contribuyó a agudizar aún más los ya pronunciados contrastes sociales. Según Abad y Queipo, a principios del siglo XIX el 68% de la población mexicana vivía con un ingreso promedio anual de 50 pesos, el 22% con 50 a 300, y el 10 restante, con entradas ilimitadas. Humboldt, asombrado por «la tremenda desigualdad en la distribución de la riqueza, de la civilización, del cultivo de la tierra y de la población» existente en la Nueva España llegó a estimar que por lo menos 30 mil «desocupados, harapientos y miserables» pululaban en las calles de México (cit. en Villoro 602). El desordenado crecimiento demográfico que registraron las ciudades había alcanzado proporciones tan alarmantes que terminó por convertirse en uno de los desafíos prioritarios para la poco antes «opulenta» sociedad novohispana.

El sector que se sintió más amenazado a causa de la oleada de desocupados que arrojó el boom minero y las reformas borbónicas de 1804 fue, sin duda, la franja intermedia a la que Abad y Queipo atribuye poco más del 20% del total de la población. Formada por criollos descendientes de familias con ninguna o escasa fortuna, y alejados del trabajo manual al que consideraban deshonroso, esta franja que engrosaba las filas de la abogacía, el comercio, la administración pública, la medicina y el bajo clero había llegado a consolidar una «pre-burguesía urbana» (Salomon) que, creciendo a la sombra del sector servicios, podía definirse como económicamente improductiva, políticamente ambigua, y culturalmente ilustrada. Se trataba, para usar las palabras de Villoro, de una «élite intelectual unida por la insatisfacción común [que] acaparaba un arma terrible: la ilustración, depositada casi toda ella en sus manos» (602).

Poniendo a prueba una tenacidad que solo puede calificarse de enconada, José Fernández de Lizardi encarnó las inseguridades y contradicciones de esta clase media criolla en momentos en que la misma trataba de imaginar cuál sería su nuevo rol político, económico y social dentro de una sociedad en plena transición. Autor de 4 novelas, 9 obras teatrales, 6 periódicos, 4 calendarios, 2 volúmenes de diálogos y uno de poesía, Lizardi «escribió para comer» desafiando una lógica cultural que, dominada aún por el mecenazgo, no parecía estar preparada para aceptar la relación horizontal entre escritura, trabajo, y mercado que Lizardi explotó entonces sin temor al escándalo. Respondiendo a la encrucijada planteada por el pasaje de un siglo al otro, fue un escritor pragmático e idealista, anticlerical y católico, conservador y liberal, tratando así de conciliar las seguridades que irradiaba el *status quo* colonial y las incertidumbres que la clase media sintió ante la inminencia del nuevo estado independiente. A lo largo de una vida desbordada de inconstancias e indecisiones, libró no pocas batallas que mostraron el grado de vehemencia del «sacerdote laico» en el que, según Jean Franco, había llegado a convertirse (19). La más ardua de esas batallas fue sin duda querer cambiar el destino de ese sector medio empobrecido al que pertenecía y al que creyó moral y socialmente asfixiado bajo el peso de los excesos, el derroche y el ocio.

2. José J. Fernández de Lizardi y la vida cultural de una sociedad en transición

Durante 1810 y 1820 –período en torno al cual se centra el grueso de la producción de Fernández de Lizardi– la actividad periodística en México alcanzó una intensidad no siempre reconocida. Sólo en la capital se llegaron a publicar un total de cuarenta periódicos aunque la cantidad no siempre (y menos en esta época) llegó a reflejar la calidad de lo que circulaba. Alfonso Reyes habla de la «mucha letradura» pero del «escaso valor artístico» de un campo intelectual que en los albores del siglo XIX se veía revitalizado por «zumbones redactores» del *Diario de México*, epigramistas, y críticos «sabridillos y alegres» entre quienes se destaca José Joaquín Fernández de Lizardi.[1] Periodista, reformador, polemista, poeta, novelista, fundador y único redactor de acaso demasiados periódicos que llegaron a durar menos de lo que duraron sus primeras aspiraciones, Lizardi vivió de lo que escribía («la suerte ... lo ha reducido al doloroso estado de escribir para mal comer» afirma su biógrafo Jefferson Rea Spell [16]) en momentos en que semejante desafío o menester no sólo parecía insólito sino también resultaba mal visto. El precio que debió pagar no era para desdeñar. Se trataba, después de todo, de un negocio de nuy modestos ingresos: Lizardi vendía sus composiciones en pliegos sueltos de 4 a 16 páginas a un precio promedio de real y medio. Escritor dependiente del mercado, Jean Franco lo llama «hombre nuevo de la época» no tanto porque usa el pensamiento laico como crítica o instrumento de reforma sino porque tuvo la audacia de hacer del dinero (y no de la honra ni de la dignidad) el estímulo central de su trabajo intelectual.

A este México conmocionado aún por las reformas borbónicas, llegaron los rumores de la invasión napoleónica a España. De esta época data el primer intento separatista que terminó con la expulsión del Virrey Iturrigaray y el encarcelamiento de aquellos miembros de la élite criolla que se habían declarado partidarios de formar una junta local mientras Fernando VII estuviera en prisión. Una reacción de tal calibre sólo podía indicar que en 1808 no estaban dadas aún las con-

1 Desde su fundación en 1805, el *Diario de México* se dedica a la crónica social (la política era entonces monopolio de la *Gaceta*), reuniendo en sus páginas lo más selecto de la Arcadia Mexicana, un cenáculo de poetas que a principios del siglo XIX cultivaba la poesía pastoril con devoción casi religiosa. Para un estudio de la primera época del *Diario,* consultar el trabajo de Ruth Wold (1970).

diciones para pensar un México desvinculado políticamente del aparato imperial. La clase media criolla a la que pertenecía Fernández de Lizardi, lejos de favorecer un cambio radical, parecía dispuesta a apoyar un reformismo cauteloso si se lo compara con el impulso insurgente que dos años más tarde iban a desplegar Hidalgo y Morelos al frente de la única revolución independentista de corte popular que tuvo lugar en la América Hispana. «Yo no quiero por ahora Independencia» afirmará Lizardi bien avanzado el año 1821 (Chencinsky 51).[2] Varios años antes había dejado registro de su rechazo a los rebeldes en dos poemas poco citados que escribió ni bien iniciada la insurrección. En «Aviso patriótico a los insurgentes a la sordina» trata a los revolucionarios de «hipócritas desleales,» «enemigos domésticos,» «ocultos asesinos» y «ladrones.» Salpicado de insultos y exhibiendo un desdén fervoroso por «el otro,» este poema alcanza –sin duda– a tocar un límite ideológico. Y mientras Lizardi publica lo que alguien ha llamado «esta malhadada y vilipendiosa delación a la causa revolucionaria» (Chencinsky 41), en *El pensador Mexicano* y en folletos sueltos sigue defendiendo –«paradójicamente»– la constitución de Cádiz, la enseñanza gratuita, y la libertad de imprenta.[3]

Para Chencinsky: «Todo esto manifiesta una contradicción desconcertante en la posición de Fernández de Lizardi, quien, por una parte, rechaza la violencia insurgente y, por la otra, coincide, sin proponérselo, con algunas de las aspiraciones fundamentales del movi-

2 Poco antes de apoyar a Iturbide, Lizardi no acalla su rechazo a la Revolución. En 1821 escribe en el *Chamorro*: «Hoy necesita mucho América de España y ésta de aquélla» (2)...«reflexiono que siempre es muy temible y arriesgado el tránsito violento de una clase a otra de gobierno, aun cuando este paso se da con orden, con auxilios y con ilustración. ¿Qué será cuando se da sin nada de ésto? ... Una anarquía general, precursora de unas guerras civiles mucho más crueles que todas las pasadas» (19).

3 En ningún otro panfleto la desvinculación entre clase media y realidad histórico-política es más evidente que en el «Proyecto sobre libertad de imprenta» (1821) en el que Lizardi propone una «paradójica libertad» sujeta a determinadas restricciones: «Todo ciudadano –escribe– será libre para imprimir y publicar sus ideas, sean las que fueren, como no se opongan a lo siguiente: 1) Nadie podrá escribir sobre la religión en punto a dogma bajo pena (de destierro permanente de América y de sus islas adyacentes; multa de seis mil pesos al impresor y pérdida de su imprenta). 2) Nadie podrá escribir impunemente contra nuestro sistema de Independencia, so pena de sufrir los castigos señalados en la segunda pena (destierro perpetuo y /o pérdida de todos los bienes del autor). 3) Nadie injuriará a ninguna nación ni a ningún particular sin exponerse a sufrir castigo designado por el tribunal de injurias» (Proyecto sobre libertad de imprenta 3). Para rematar, Lizardi culmina su propuesta libertaria sugiriendo la formación de una «Junta celadora de la pureza del dogma.» Después de leer con cuidado este documento, el lector no puede sino preguntarse en qué se diferencia el proyecto de libertad restringida propuesto por Lizardi y la inquisición que castiga sus efusiones reformistas salpicadas en la prensa de la Nueva España?

miento [independentista]» (42). Poco convincentemente Urbina atribuye este doble discurso a la «sutil malicia» del Pensador. Otros críticos, por su parte, tienden a disculpar «tales contrastes» ratificando la «congénita ingenuidad» política de Lizardi. Sea como sea, acaso las inconstancias o «dobles juegos» del Pensador Mexicano dan cuenta del desplazamiento y exclusión que experimentó la «clase media colonial» en ese momento crucial que marca el pasaje de la Nueva España dependiente y colonial a un México políticamente independiente y económicamente moderno. Acaso fue Luis Villoro el que describe con mayor lucidez ese no-lugar al que pareció relegado el criollo en semejante encrucijada: «el euro-criollo tratará de adoptar a la realidad social una teoría inadecuada» [mientras] «la tentativa del criollo de clase media será exactamente la inversa: negar la realidad existente para elevarla a la altura de la teoría que proyecta» (26). Producto típico de la transición –lo que en este caso no es posible desestimar– en Lizardi coexisten, sin pensarse como incompatibles o excluyentes, la aspiración a la libertad (entendida en un sentido utópico o platónico) y la admiración por Fernando VII, un principismo liberal y moralizante y la fe católica que se piensa a sí misma como ortodoxa.

Defensor del *status quo* regalista que sabía amenazado, publica entonces la primera composición que se le conoce: «Polaca en honor de nuestro Católico Monarca el Señor Don Fernándo Séptimo»—un poema circunstancial que celebra la llegada del monarca al trono de España y despeja las dudas acerca de la posición de su autor ante los primeros brotes revolucionarios: «Sospechoso para los españoles y gravemente criticado por los patriotas, Lizardi, entonces como en el resto de su vida –llegó a afirmar Caillet-Bois– se nos dibuja como personaje elusivo, huraño y airadamente solitario» (9).

Pero lo que este primer poema tiene de interés, no lo tiene de excepcional. Sin duda no es en este tipo de poesía cargada de amaneramientos culteranos y versos entorpecidos por los dictados de la preceptiva francesa sino en la producción satírica ligera donde hay que buscar lo mejor de su humor «escatológico» (el adjetivo es de Urbina), o la agudeza que encarna en audaz protesta social, o el afán moralizante que brota de un didactismo que hizo suyo los mandatos del sentencioso lema neoclásico *docere ridendo*. Fueron también esos mismos versos burlescos los que le valieron el repudio del consagrado poeta neoclásico Juan María Lacunza durante la acalorada polémica que en 1811 mantuvieron en el *Diario de México* y que marca, según Chencinsky, «el ingreso formal [de Lizardi] en la literatura [mexicana]» (34). Desde entonces, Fernández de Lizardi ganó popularidad como autor de «papeles malditos» (39) y «sediciosos» (51), saturados de lo que Lacunza llamó «expresiones bajas e indecentes» destinadas a agradar a un público formado por «el aguador, la cocinera y el muchacho, quienes por lo común solo se diferencian de los brutos en la cualidad risible» (36). Una posición en el campo literario que, tal como Lizardi sugiere en uno de sus primeros diálogos, *El crítico y el Poeta*, no tiene problemas en abrazar con gracia desenfadada: «En fin salen los versos como míos:/ yo dar gusto quisiera a todo el mundo.../ ¡Gracias a Dios que hay gente para todo! / y yo a escribir para éstos me acomodo, y no para los doctos...» (cit. en Chencinsky 72).

En 1812 la fama de escritor malicioso y heterodoxo contribuyó al ruidoso lanzamiento de *El pensador mexicano*, un periódico que llegó a ser sin esfuerzo «el más discutido de la capital [mexicana]» (Chencinsky 39). Desde sus páginas ahora legendarias, Lizardi defendió con obstinación la constitución de Cádiz y el liberalismo decimonónico de muchas de sus cláusulas.[4] Sin embargo, con el regreso de Fernando VII en 1814, el absolutismo se reinstaló en el trono de España, la constitución fue abolida, se disolvieron las cortes, la inquisición volvió a imponerse y muchos artículos periodísticos de Lizardi publicados durante los apenas dos meses que duró la libertad de imprenta en México fueron denunciados y condenados ante la iglesia. Para burlar la censura religiosa y política que dominaba la prensa no oficial, al «Pensador Mexicano» no le quedó otro remedio sino refugiarse en la escritura de novelas. Las cuatro que se le atribuyen se sucedieron a un ritmo afiebrado: en 1815 Lizardi publica en entregas los tres primeros volúmenes de *El periquillo Sarniento* (se dice que el alegato contra la esclavitud que aparece en el cuarto y último volúmen motivó la pos-

4 Siguiendo el modelo francés impuesto en 1793 y 1795, la constitución de Cádiz de 1812 reducía la función del rey al poder ejecutivo, reconocía la soberanía popular, otorgaba amplios poderes a las cortes, establecía la igualdad entre las colonias y la metropoli, imponía la libertad de imprenta, y abolía la inquisición. Juan Villoro califica de «extemporáneas» estas concesiones porque fueron incapaces de detener (como se lo proponían) una revolución ya en plena marcha (627). En México el virrey Venegas promulgó la nueva constitución el 30 de septiembre de 1812 pero apenas dos meses después suprimió la libertad de prensa y procedió al arresto de Fernández de Lizardi por considerar ofensivos los artículos que publicaba en el *Pensador Mexicano*.

tergación de su publicación hasta después de la muerte de su autor). En 1818 da a conocer *Noches tristes y día alegre*. Un año después –también en entregas– *La Quijotita y su prima*. *Don Catrín de la Fachenda* fue su última novela conocida y la única que permaneció inédita hasta 1832, cinco años después de que Lizardi muere víctima de tuberculosis a los 50 años.

3. *Don Catrín de la Fachenda*: La novela postergada de Lizardi

El didactismo y la ironía escéptica que irradian sus novelas ayudaron sin duda a Lizardi a transfigurar la angustia que le despertaba «el sueño futuro de la anarquía insurgente.» Las fechas que limitan la vida de sus personajes así parece indicarlo. Don Catrín de la Fachenda dice haber nacido hacia 1790-1791 para morir poco más de treinta años después, dibujando así un arco que circunscribe su vida, junto a la del Periquillo, dentro de las fronteras simbólicas de una generación que no logró sobrevivir «el ocaso de la sociedad colonial» (Salomon 178). El orden novohispano en el que se desarrolla la última novela de Lizardi no hace más que exhibir los síntomas sociales de un fin que se sabe inminente. Posiblemente de ahí la esperanza política de la obra parece recaer en aquellos personajes-redentores provenientes sin excepción de un aparato colonial que se quiere modernizar a toda costa: sacerdotes que citan a Rousseau, militares fieles al rey y a la ley,[5] aristócratas-criollos que no hablan de la nobleza de sangre sino de la nobleza de las virtudes, y letrados que abrazan un civismo que confía religiosamente en el poder de la educación y el trabajo. Sin duda, desde un reformismo monárquico y constitucional, Lizardi está poniendo todas sus expectativas en esos agentes privilegiados para llevar adelante sin violencia el cambio político y social que necesitaba sin demora la Nueva España a principios de siglo XIX.

Concluída en 1819, la edición de *Don Catrín de la Fachenda* es aprobada por la censura a principios de 1820 con comentarios que despejaban cualquier duda sobre una «obrita» (como la llama Lizardi en

5 Largos años de insurgencia revolucionaria habían favorecido el surgimiento del ejército como nuevo cuerpo dominante en el aparato colonial. A pesar de contar con tropas indígenas y mestizas y con una oficialidad en gran parte criolla, el ejército novohispano fue sistemáticamente fiel a la monarquía española.

el capítulo 1) que no parecía presentar objeción moral alguna ni al orden colonial ni al *status quo* religioso: «La vida y hechos de D.Catrín de la Fachenda con las notas del Pensador Americano es un joco serio con que se ridiculiza a los viciosos merecedores de este epíteto por su vida libertina, deduciendo una sana moral con que arreglen sus sentimientos y deberes a los de la religión» (cit. en Spell 33). ¿Cuáles fueron entonces las razones que llevaron a Lizardi a no publicar en vida el «precioso librito» a pesar de reflejar, según se lee en el capítulo 1, «no vulgares talentos, una vasta erudición y un estilo sublime y sentencioso»? La razón económica –Palazón, entre otros, sostiene que la novela no habría alcanzado a reunir los suscriptores necesarios para financiar una edición más temprana– dominó la crítica (el dinero siempre parece un motivo de peso toda vez que se habla de Lizardi). Sin embargo también es posible pensar que el olvido que gravitó sobre la novela fue de carácter político más que económico. 1820—año que Shumway considera «parteaguas» en la historia mexicana (361)—no sólo fue el año de la aprobación de la última novela de Lizardi, también fue el año de la rebelión liberal que obligó a Fernando VII a jurar fidelidad a la constitución de Cádiz. Reimplantada así la libertad de prensa en la Nueva España, Lizardi no tardó en lanzar vivas a la monarquía constitucional desde las páginas de *El conductor eléctrico*: «Viva la Nación Española—escribió en 1821—viva la unión, viva la constitución y el digno Rey que la juró» (Prólogo, *El conductor*, n.pg.). Meses después, este arrebato dió paso al fervor de Lizardi por Iturbide, el plan de Iguala y la promesa de consolidar un México católico, independiente y unido—otro entusiasmo político que no tardó en superar con la publicación del famoso panfleto *Cincuenta preguntas para quien quiera contestarlas* (1823) donde puso fin a su apoyo al Emperador Agustín I. Después de repasar esta sucesión poco menos que frenética de alianzas y rupturas, ¿por qué no pensar que una vez declarada la Independencia de México en 1821, Lizardi perdió interés en publicar la vida de Catrín que había sido escrita a fin de alentar la «modernización» del modelo de autoridad colonial y en momentos en que su autor parecía incapaz de aceptar que el imperio español no era (como lo calificó en otro lugar) «eterno»? Sin duda las condiciones que a principios de 1820 habían posibilitado la aprobación de la censura, desaconsejaban su publicación pocos meses después: *Don Catrín* puede ser por eso considerada la última novela de la colonia (no la primera de un México Independiente). Este desplazamiento sutil en el mapa de la nación emergente explicaría la reticencia de Lizardi en publicarla durante la década de los 20s, una década signada por las luchas que libró, primero, con la iglesia (debido a los dos años de excomunión que le costó la publicación de su *Defensa de los francmasones* [1822])[6] y, después, con la república triunfante, que lo tildó de oportunista a la hora de validar su status de escritor «revolucionario».[7]

El proceso de canonización de Lizardi sobrevino más tarde. La lectura nacionalista a la que lo somete Altamirano fue el primer baño sacralizador en el camino que a fines del siglo XIX lo convierte en el ícono liberal al que hoy se asocia su nombre.[8] Poco después, gracias a la obra de rescate que llevó adelante Luis González Obregón[9] y, sobre todo, a la famosa *Antología del Centenario* dirigida por Justo Sierra, su inclusión en el panteón patrio alcanzó la consagración definitiva. Según la introducción de Urbina, Lizardi poseía no pocos méritos para acceder a este lugar de honor: suficiente cantidad de nacionalismo «intrínseco» y «saludable» (sea lo que sea lo que con estos adjetivos Urbina quiso decir); sentido práctico, interés sociológico, moralismo; y pensamiento religioso. Casi medio siglo después, Agustín Yañez es el primero en percibir en Lizardi esa lucha de discursividades contradictorias propia de los períodos de transición: «Hijo del siglo XVIII dentro de los límites de la Nueva España...,–afirma– [Lizardi] es progresista y providencialista; corifeo de la razón y la ciencia;

6 «No era un 'filósofo ilustrado' (de esos que rompieron con la Iglesia)—dice Enrique Anderson Imbert—sino un 'filósofo cristiano' (de los que se proponían conciliar el catolicismo con el liberalismo.» Semejante retrato acierta sin duda a describir un escritor tendiente siempre a defender las fórmulas moderadas.

7 Uno de sus impugnadores más encarnizados, el anónimo autor de *Carrera militar y literaria del Pensador Mexicano* (1826), culpa a Lizardi de haber adulado al gobierno español mientras atribuía a la insurrección la «causa de todos los males» (6). Según Chencinsky, Lizardi pasó sus últimos años tratando de «borrar sus indecisas huellas iniciales [con respecto a la insurgencia] ...en momentos en que se exig[ía] una decisiva adhesión al nuevo régimen» (46).

8 Un dato a tener en cuenta a la hora de hablar de la entrada de Fernández de Lizardi al canon: sus *Fábulas* fueron adoptadas como texto oficial en las escuelas mexicanas en 1886.

9 Luis González Obregón llevó a cabo la primera cronología y clasificación de los textos de Lizardi. Su trabajo, publicado en 1898 bajo el título *José Joaquín Fernández de Lizardi (El Pensador Mexicano): Apuntes biográficos y bibliográficos*, es seminal aunque «como tantos otros—escribe Chencinsky—[González Obregón] ignora los datos desfavorables, sobre todo aquellos que revelan ... el desacuerdo de Fernández de Lizardi hacia el movimiento insurgente en sus primeros años cruciales» (13).

rebelde, sentimental y cristiano» (17).

4. Entre dandies y catrines... esos hombres irreligiosos del futuro

De todas formas, *Don Catrín de la Fachenda* es una novela que –al menos moralmente– no duda: mueren los que tienen que morir, el *catrinismo* es ruidosamente derrotado y el saber triunfante sobrevive monopolizado por clérigos, militares y aristócratas. La crítica, acaso encandilada por la canonización de la que Lizardi fue objeto en manos de la historiografía liberal de fines del siglo XIX, tiende a leer a *Don Catrín de la Fachenda* como representante de un orden colonial que la emergente nación mexicana debe aniquilar para poder, liberada así de lastres retardatarios, avanzar hacia la promisoria etapa de modernización liberal. Sin embargo también es posible leer al personaje central no como representante de un discurso colonial que hay que aniquilar para que el progreso de la flamante nación sea posible, sino como síntoma de la ansiedad que Fernández de Lizardi experimenta ante los avances de una revolución que tarde o temprano terminará imponiendo su código materialista, laico y burgués. Lejos de apoyar la hipótesis de un Lizardi reformista y liberal, el resultado de la lucha de discursos que se da en el interior de *Don Catrín* parece ratificar la nostalgia del Pensador Mexicano por un orden colonial donde la verdad eterna, el honor y la autoridad se elevan como bastiones todavía inexpugnables en poder de la iglesia, el ejército y la nobleza.

Siguiendo el ejemplo de un tipo social común en la literatura peninsular, el catrín de Lizardi rehúye los beneficios de la educación, el trabajo, y los consejos de «hombres de bien» a los que descalifica llamándolos «rancios,» «fanáticos» y «alucinados.»[10] Esclavo de la moda y las apariencias, la vanidad no es sin embargo la causa principal de su caída. Don Catrín demuestra ser también necio, haragán, fachenda, tahúr, estafador, blasfemo, ladrón, y farsante, aunque la agonía del

10 Según la definición que propone Lizardi, son «hombres de bien» aquellos que actúan conforme a las obligaciones que impone la religión y la naturaleza (*Periquillo*, lib. 2, cap.I). En *La Quijotita y su prima* se lee: «El hombre que la posee [la virtud] es el verdadero hombre de bien, y de consiguiente, cumpliendo exactamente con las obligaciones que le impone su estado, se hace útil en cualquier clase a que pertenezca en la sociedad..., ser virtuoso es ser hombre de bien» (Cap. XXVI).

final es el castigo al que Lizardi lo condena ante todo por ser un libertino –en el doble sentido de impío y disoluto que la palabra hereda del francés.[11] Es decir, Lizardi le niega toda salvación por la desafiante indiferencia moral que Catrín ostenta a lo largo de la obra: no sólo se enorgullese de su condición de catrín, también insiste en no renunciar a ella, haciendo despliegue de una voluntad tan inquebrantable como irredimible. Equivocado desde el principio, Catrín persiste sin remordimientos en el error. «En esta novela –concluye Caillet-Bois– [Lizardi] enjuicia un modo grosero y extremoso de realizar en la vida moral conocidas tendencias filosóficas materialistas e irreligiosas: aunque no las hubiera estudiado, don Catrín es el vicioso ignorante que ampara su libertad en ellas» (23). Y esta decisión resulta escandalosa precisamente porque descansa en un acto libre de elección. Expuesto a los beneficios de la filosofía piadosa, caritativa y noble del tío cura, de Modesto, o del conde de Tebas, don Catrín elige sin embargo engrosar las filas del catrinismo cuyo decálogo ateo y materialista defienden don Tremendo, Taravilla o Abundio –esos «pícaros declarados, sin ley y sin rey». El juicio final de don Cándido, el practicante que tiene la última palabra en la obra, no sorprende entonces con sus alcances lapidarios: «se hizo amigo de libertinos y fue uno de ellos. Su cabeza era el receptáculo del error y de la vanidad; adornado con estas bellas cualidades, fue siempre un impío, ignorante y soberbio.»

Pero, más allá de moralizar, el texto quiere también definir qué es un catrín sólo para terminar reconociendo que se trata de una tarea imposible: «el catrín es una paradoja indefinible; porque es caballero sin honor; rico sin renta; pobre sin hambre; enamorado sin dama; valiente sin enemigo; sabio sin libros; cristiano sin religión y tuno a toda prueba» (Cap. 8). Se diría que don Cartín está tan lejos de ser el último pícaro como está cerca de convertirse en el primer dandy mexicano.[12] Baudelaire define el dandismo como un «nuevo tipo de aristocracia» nacida a la sombra de la lucha por la hegemonía que libró el orden

11 En términos de una economía de premios y castigos, la historia de vida de don Catrín resulta una parábola de las palabras anticipatorias que Fernández de Lizardi pone en boca del tío cura al inicio de la novela: «nuestra religión nos asegura que el que no ama a sus semejantes como a sí, no cumple con la ley; el que no cumple con la ley, peca; el que peca con gusto, conocimiento y constancia, se obstina; el que se obstina, vive mal; el que vive mal, muere mal casi siempre; el que muere mal, se condena, y el que se condena, padecerá sin fin» (Cap. 3).

12 John Brushwood señala que Catrín no es un pícaro como Periquillo sino más bien satiriza al dandy de su época (67). Tanto Vogeley como Compton analizan *Don Catrín de la Fachenda* como una novela perteneciente al género picaresco.

burgués y la aristocracia a fines del siglo XVIII. «Un dandy –sentenció paradójicamente– no hace nada.» Fruto de transición de los tiempos en que ha nacido, el dandy rechaza tanto los valores burgueses como los valores asociados a la nobleza heráldica. Por eso es «el estilo» de sus aficiones lo que lo distingue: exhibir su elegancia con aire aristocrático como búsqueda de una displicencia fría, un lenguaje signado por la sutileza y una simplicidad absoluta en el vestir. El sentido del dandy reside en la elegancia de la apariencia, en lo que se ve pero que no siempre se entiende. Carlyle definió al dandy como la indumentaria a la cual va pegado un hombre. Oscar Wilde, otro dandy pero de otro fin de siglo, ratificó: «Todo dandy debería ser o una obra de arte, o llevar puesta una obra de arte.»[13]

Históricamente el dandismo nació durante la revolución francesa como manifestación de protesta contra el avance de los principios burgueses e igualitarios, una protesta que, en momentos de pleno éxtasis democrático, sellaba provocativamente sus vínculos nostálgicos con el mundo de una aristocracia en repliegue. Ya a mediados de los 1790s, aun antes de que aumentaran los impuestos a las tinturas de pelo y los afeites para maquillarse, George Bryan «Beau» Brummell, estudiante del colegio Oriel en Oxford y parte del séquito del futuro rey George IV, había dejado de usar polvos, o perfumes, se bañaba y afeitaba hasta dos veces al día y había comenzado a usar un saco oscuro entallado que dejaba ver el nudo de una corbata de lino blanco cuidadosamente doblado. Brummell fue instrumental en la historia cultural del dandismo. No sólo proscribió el uso de perfumes y abandonó las pelucas masculinas, también impuso el corte de pelo a la romana y lideró la transición entre los breeches típicos que popularizaron los maccaroni del siglo XVIII y los pantalones oscuros de corte de sastre que dominarán la moda masculina durante los dos siglos subsiguientes.

En los países periféricos el dandismo lleva al colmo la excentricidad decadente que llega desde la metropoli. Cuenta José Juan Tablada en *La feria de la Vida* que Eustaquio Barrón se presentó con un tigre en el Jockey Club, o cómo en una cena ofrecida por Jesús Valenzuela se exhibió en el centro de una fuente «todo desnudo desde la enorme cabeza hasta los diminutos pies, perfectamente dormido y comatoso, en el último período de embriaguez» al enano Pirrimplín

13 Para un resumen del lugar histórico y teórico que ha ocupado la figura del *dandy* en la literatura finisecular, consultar Josefina Ludmer (1999): 111-17.

del circo Orrín. El dandy colonial, concluye Monsiváis, gasta, dilapida, «porque solo gastando se conocen los alcances de su espiritualidad» (»Léperos y catrines, nacos y yupis»). Y si la excentricidad (ese no-lugar del dandy en las encrucijadas claves de la historia) constituye uno de los aspectos salientes de su originalidad, la melancolía aparece –al menos después de la asociación que propuso Baudelaire– como componente indispensable del dandismo. Pero se trata de una melancolía que no alude a una pérdida inexplicable ni tampoco a una pérdida exterior. Según Kristeva, hace referencia a un daño esencial al yo, a «una herida narcisista incapaz de ser simbolizada o nombrada, tan preciosa en sí misma que ningún agente exterior al yo puede servirle de referente» (12). Acaso sea esta falta o ausencia la que Baudelaire intenta nombrar con la imagen del sol frío que usó para hablar del dandy. Porque más allá de una expresión de narcisismo masculino, el dandy baudelaireano es «el significante que busca a través de su melancolía el retorno del yo masculino» sublimado como cuerpo por el peso escriturario que la cultura del siglo XVIII (se sabe, una cultura profundamente falocéntrica) descargó sobre él en forma de afeites, polvos, perfumes, pelucas, sedas y guantes. La rebelión del dandy es entonces la rebelión de un yo despojado y abnegado que insiste en sustraerse de la sobreescritura de la que fue objeto el cuerpo masculino. Displicente, frío, con la mirada vacía, excéntrico, ocupando un no-lugar en la historia, el dandy –escribe Hadlock–«se transforma a sí mismo en una estatua que camina, en el monumento mismo de su propia muerte» (65). Al vestirse con esa simplicidad absoluta, que es fría y además negra, el dandy habla y actúa la falta o muerte de la subjetividad masculina. Acaso ésta sea la razón por la cual Sartre habló de los dandies como de un «club de suicidas.» Sea como sea, todo dandy constituye en sí un acto de negación, una negación que al negarse niega a su vez las estructuras sociales y culturales que interpela. Su eficacia política no es por lo tanto desdeñable, es de una fuerza sólo capaz de ser medida por la repulsión/fascinación que provoca cada vez que las distintas épocas ven pasear su melancolía insolente.

Como todo dandy, don Catrín es un personaje de transición y él lo sabe. Si la sociedad colonial sobrevive a su propia decadencia –parece concluir la novela de Lizardi– don Catrín no es sino la primera de sus víctimas. Desde el principio, proyecta un status conflictivo. Lejos de saber lo que es, el texto quiere convencer al lector de lo que Catrín no es: no es un aristócrata a pesar de las ejecutorias de nobleza que atesora, no es culto a pesar de los títulos universitarios, no es rico a pesar de la generosidad de sus padres. Políticamente, parece apelar (al menos en un primer momento) tanto al orden burgués como a la nobleza. Ejemplo de un equilibrio inestable Catrín podría optar por ser un hombre del pasado tanto como un hombre del futuro. Decida lo que decida ser, lo cierto es que tras la extensión y la insistencia de las arengas moralizantes que Lizardi pone en boca de sus personajes-redentores, se puede intuir la nostalgia del texto por las virtudes antiburguesas. La conciencia de superioridad que exhibe Catrín constituye una exaltación de los principios aristocráticos, pero su independencia provocadora subvierte las bases esenciales del mundo de la nobleza. Catrín es un aprendiz de dandy: no tiene obligaciones ni responsabilidades. Su familia y parientes parecen accidentes desafortunados. No tiene trabajo, y con la muerte de sus padres, desaparece su única fuente de apoyo financiero aunque el dinero tampoco parece tener para Catrín otra función sino la de dilapidarlo tan pronto llega a sus bolsillos. La ropa, en cambio, monopoliza su atención y todos sus «trabajos.» A partir del capítulo 6, Catrín abandona el ejército para ingresar al mundo de los fachendas: «con lo que saqué de mi uniforme que vendí, compré en el Parián un fraquecillo azul, un sombrero redondo, un par de botas remontadas, un reloj en veinte reales, una cadena de la última moda en seis pesos y una cañita y un pañuelo. Aun tenía un par de camisas, dos pantalones, dos chalecos y dos pañuelos blancos, con lo que me presentaba con decencia» (35).

Como el de Brummell, el traje de Catrín es el traje que va a vestir a la democracia. Como Brummell, también Catrín pasa largas horas de concentración y preparación para producir un efecto «digno» de simplicidad y decencia: «todos los días tenía que untar mis botas con tinta de zapatero y darles bola con clara de huevo, limón o cebolla; tenía mi fraquecito viejo a quien hacer mil caricias con el cepillo; tenía mi camisa de lavar, tender y planchar con un hueso de mamey; tenía una cadena pendiente de un eslabón, que me acreditaba de sujeto de reloj; tenía una tira de muselina, que bien lavada pasaba por un fino pañuelo; tenía un chaleco verdaderamente acolchado de remiendos tan bien pegados que hacían una labor graciosa y exquisita; tenía una cañita ordinaria, pero tan bien manejada por mi, que parecía un fino bejuco de la China; tenía un sombrero muy atento por su naturaleza, pues hacía cortesías a todo el mundo, pero con aguacola le daba yo tal altivez, que no se doblaría al monarca mayor del mundo todo, pues estaba más tieso que pobre recién enriquecido; tenía, en fin, mis guantes, mis peines, escobetas, pomadas, espejo, tocador, limpiadientes y otras semejantes chucherías, y cuando salí de la cárcel, como las vendí para comer, no tenía nada» (Cap. 10).

Todo en Catrín repele tanto como fascina. Es egoísta, moralmente es un desclasado y además de ignorante también de su arrogancia deja sobrados rastros a lo largo de la novela. Persigue a las mujeres por dinero, traiciona a los amigos por interés, adula por conveniencia. Su atracción por el juego coincide con el vicio «oficial» de su tiempo. Nadie además podría acusar a Catrín de ilustrado. Mostrarse desinteresado estaba de moda; no trabajar también era la norma aplaudida entre los dandies mexicanos, y endeudarse o hacer trampas en el juego era tan común que nadie osaba moralizar sobre los efectos descarados de semejantes prácticas de dispendio. Su ciclo como dandy sin embargo termina de manera tan poco gloriosa como empezó cuando, de regreso a México sin ejecutorias de nobleza después de purgar dos años de prisión en el morro de la Habana, don Catrín degeneró «de la ilustre familia de los catrines y me agregué a la entreverada de los pillos [y]... entre las ventajas que conseguí en el presidio cuento tres principales, que fueron: perder toda verguenza, beber mucho y reñir por cualquier cosa» (Cap. 11).

5. Lucha épica entre padres y amigos

Don Catrín de la Fachenda construye un lugar de enunciación donde luchan dos discursos que se excluyen mutuamente. Catrines o dandies, por un lado; clérigos, nobles y militares, por otro. Ambos discursos se enfrentan en una lucha de posiciones pero ninguno de los dos gana porque sencillamente se trata de discursos (ligero, divertido, herético el del dandy; erudito, moralizante, religioso, el otro) que no se escuchan. El *catrinismo* constituye un discurso amoral, individualista, donde la irreligiosidad, el placer y la sensualidad aparecen como valores centrales junto al relativismo y al poder del dinero, marcas éstas que, como afirma Shumway, aluden al pluralismo y a la libertad intelectual propias de la modernidad (367). «Aúlla con los lobos» es la sentencia-mantra del dandy mexicano: «dentro de pocos días era yo cristiano con los cristianos, calvinista, luterano, arriano, etc., con los de aquellas sectas; ladrón con el ladrón, ebrio con el borracho, jugador con el tahúr, mentiroso con el embustero, impío con el inmoral y mono con todos» (Cap. 9). Lizardi enfrenta el *catrinismo* (que es el discurso insensato, el que enloquece y el que contagia locura) con la fuerza que destila la moral, la razón, el saber, el honor y la verdad que atesoran en monopolio el tío clérigo, el virtuoso oficial Modesto, la nobleza del Conde de Tebas y el practicante pío que cierra con el epitafio dedicado a Catrín este «precioso librito.» No es difícil descubrir de qué lado de esta lucha milita Lizardi: las notas del autor al pie de página, o los títulos de los capítulos en tercera persona donde distribuye premios y castigos nos avisan cuál es el lugar ideológico desde el que habla el Pensador Mexicano. Pero lo paradójico de la presencia del autor en estos espacios marginales es que su autoridad no sanciona el triunfo de la ley de Dios o del rey sino más bien parece ratificar el poder de persuación que es capaz de irradiar el dandismo.[14]

El cuerpo es el lugar donde este discurso iluminista y cristiano se venga del relativismo secular e individualista que predican los primeros dandies mexicanos. Catrín sufre golpes, hambre, sífilis, amputaciones, sirrosis, hidropesía y muerte. Si la conexión entre cuerpo y sociedad puede pensarse a través del desorden del cual la enfermedad es metáfora (Sontag 76), las marcas en el cuerpo de Catrín indican un estado de caos socio-moral que está vinculado a la muerte prematura. «La enfermedad puede ser vista como una oportunidad –escribe Sontag– para portarse finalmente bien. Al menos, la cala-

---

14 Los títulos de los capítulos y las notas al pie son los espacios de enunciación que el autor elige para enjuiciar, moralizar y tomar distancia de las acciones de su personaje. Siguiendo la clasificación que propone Compton, algunas notas «merely cite sources, one explains an idiom, one referes the reader to a different part of the book, another introduces a story which is never told ..., and three consist of overt moralizing. Although the narrative voice in the body of the text remains constant in tone and perspective, the existence of these notes by an implied author or editor weakens it somewhat. However, we must remember Lizardi's purpose in writing, and admit that even though the notes weaken the overall narrative situation, they strengthen the book's moralizaing effect» (67-8).

midad de la enfermedad puede despejar el camino interior de una vida signada por la auto-decepción y el fracaso del carácter» (42). Pero Catrín muere sin arrepentirse. La muerte lo eterniza en el error, y confirma de esta forma el grado de ansiedad de Lizardi ante lo que percibe como el gran desequilibrio social que amenaza con la llegada inminente de la modernidad secular.

Catrín sólo trabaja una vez en toda la obra: cuando la ley que reina en el presidio de la Habana lo obliga no sólo a comer sus «ejecutorias y genealogías» sino también (por primera y única vez en la vida) a trabajar incansablemente. Si el trabajo ocupa el lugar del deseo en esta novela, ¿quiere esto decir que Lizardi está fantaseando con la existencia de un estado colonial paternalista capaz de combinar la internalización de los nuevos valores burgueses (trabajo, dinero y propiedad) con un código legal severo y autoritario que aparece como el único capaz de frenar el desorden o la agitación social que anuncia la multiplicación temeraria de catrines?[15] Lizardi escribía en un momento de transición dominado por la incertidumbre y la ansiedad de la clase media novohispana ante una revolución de castas que subvertiría cualquier noción de privilegio social. En esta obra (a diferencia de *El Periquillo*), el permanente estado de autoindulgencia en el placer que define a don Catrín no cede ante la influencia ni ante la autoridad de ningún padre (ni eclesiástico, ni estatal, ni biológico). El paternalismo triunfante en otras obras de Lizardi –un paternalismo legitimado por su fe en la educación, la religión, el rey, el orden, y el trabajo– resulta acá vistosamente impotente.[16] Sobre todo porque los «padres» reales o putativos que dominan este modelo de autoridad colonial aparecen ahora puestos seriamente en jaque por los «amigos» que, con su prédica insistente en las bondades del placer, el ocio y el individualismo, anuncian el éxito de la nueva estructura de autoridad que se asocia al modelo burgués y republicano. El grado de ansiedad que manifiesta Lizardi sirve como índice para medir la angustia de clase que la novela transmite a través de la lucha épica entre estas dos metáforas: una lucha excluyente entre padres y amigos en la que la muerte del protagonista no necesariamente significa el triunfo de los

---

15 Beatriz de Alba-Koch es quizá una de las primeras críticas que hace hincapié en el componente autoritario y represivo del «absolutismo ilustrado» que Fernández de Lizardi despliega como propuesta política en *El Periquillo Sarniento*.

16 Para un análisis de la importancia del padre en el proyecto disciplinatorio que despliega Lizardi en *El Periquillo Sarniento*, consultar Jean Franco (1983).

primeros. Para Catrín, la muerte trae calma al espíritu y «una paz imperturbable» (Cap. 14); para el practicante, viene cargada de terror y desesperación. «¡Ojalá –exclama antes de transcribir el epitafio– no tenga imitadores!» (Conclusión). Y al escuchar semejante deseo, el lector sabe que se trata de un deseo que fracasa en el mismo momento de ser pronunciado. La muerte de Catrín sólo trae un *impasse* antes de la caída definitiva del reino de los «padres» coloniales y del ascenso de la nueva hegemonía republicana a la que, en su percepción de hombre en transición, Lizardi imagina como futuro amenazante y caótico, dominado por el «maldito decálogo» maquiavélico al que adhieren los «amigos» catrines –esos «hombres [modernos] sin Dios y sin rey.»

Maria Eugenia Mudrovcic
Michigan State University

Obras citadas

Anderson Imbert, Enrique. *Historia de la literatura hispanoamericana*. México: Fondo de Cultura Económica, 1970.

Baudelaire, Charles. *The painter of Modern Life and Other Essays*. London: Phaidon Press, 1964.

Brushwood, John S. *Mexico in Its Novel: A Nation Search for Identity*. Austin: University of Texas Press, 1966.

Caillet-Bois, Julio. «Introducción.» José Joaquín Fernández de Lizardi. *Don Catrín de la Fachenda*. Buenos Aires: Editorial Universitaria de Buenos Aires, 1972. 8-25.

Chencinsky, Jacobo. «Estudio Preliminar.» Fernández de Lizardi, José Joaquín. *Obras. I. Poesías y Fábulas*. México: UNAM, 1963. 7-75.

Compton, Timothy G. *Mexican Picaresque Narratives*. London: Bucknell University Press, 1997.

De Alba-Koch, Beatriz. «Enlightened Absolutism» and Utopian Thought: Fernández de Lizardi and Reform in New Spain.» *Revista Canadiense de Estudios Hispánicos* 24.2 (2000): 295-306.

Franco, Jean. «La heterogenidad peligrosa: Escritura y control social en vísperas de la independencia mexicana.» *Hispamérica* 34/35 (1983): 3-34.

González Obregón, Luis. *José Joaquín Fernández de Lizardi (El Pensador Mexicano): Apuntes biográficos y bibliográficos*. México: Oficina Tipográfica de la Oficina de Fomento, 1888.

Hadlock, Philip. «The *Other* Other: Baudelaire, Melancholia, and the Dandy.» *Nineteenth-Century French Studies* 30.1&2. (Fall-Winter 2001-2002): 58-67.

Íñigo Madrigal, Luis. «José Fernández de Lizardi (1776-1827). Luis Íñigo Madrigal, Ed. *Historia de la Literatura Hispanoamericana*. Tomo II. Madrid: Cátedra, 1987.

Kristeva, Julia. *Black Sun. Depression and Melancholia*. Traductor Leon S. Rudiez. New York: Columbia U P, 1989.

Ludmer, Josefina. *El cuerpo del delito. Un manual*. Buenos Aires: Perfil, 1999.

Monsiváis, Carlos. «Léperos y catrines, nacos y yupis.» HYPERLINK «http://www.mty.itesm.mx/dhcs/deptos/ri/ri-802/lecturas/nvas.lecs/sal/leperos.html» http://www.mty.itesm.mx/dhcs/deptos/ri/ri-802/lecturas/nvas.lecs/sal/leperos.html

Palazón, María Rosa. «La nobleza pícara o *Don Catrín de la Fachenda*.» *Nuevo Texto Crítico* 8 (1991): 159-72.

Rea Spell, Jefferson. *The life and works of José Joaquín Fernández de Lizardi*. Philadelphia: University of Pensylvania, 1931.

Reyes, Alfonso. *Simpatías y diferencias*. Vol. 2. México: Porrúa, 1945. 143-55.

Salomon, Noel. «La crítica del sistema colonial de la Nueva España en *El Periquillo Sarniento*.» *Cuadernos Americanos* 138.1 (1965): 167-179.

Sartre, Jean-Paul. *Baudelaire*. Paris: Gallimard, 1975.

Shumway, Nicolas. «*Don Catrín de la Fachenda* and Lizardi's Crisis of Moral Authority. *Revista de Estudios Hispánicos* 30 (1996): 361-373.

Sontag, Susan. *Illness as Metaphor*. New York: Farrar, Straus and Giroux, 1977.

Tablada, Juan José. *La feria de la vida (Memorias)*. México: Ediciones Botas, 1937.

Urbina, Luis G. *Antología del centenario, estudio documentado de la literatura mexicana durante el primer siglo de independencia*. México: Impresora de M. León Sánchez, 1910.

Villoro, Luis. «La Revolución de Independencia.» *Historia general de México*. Tomo 2. Ed. Daniel Cosío Villegas. México: El Colegio de México, 1988: 591-644.

Vogeley, Nancy. «A Latin American Enlightenment Version of the Picaresque: Lizardi's *Don Catrín de la Fachenda*.» Benito-Vessels y Michael Zappala, Eds. *The Picaresque: A Symposium on the Rogue's Tale*. Newark, N.J.: University of Delawre Press, 1994.

Wold, Ruth. *El Diario de México. Primer cotidiano de Nueva España*. Madrid: Editorial Gredos, 1970.

Don Catrín de la Fachenda

Capítulo I

En el que hace la apología de su obra, y da razón de su patria, padres, nacimiento y primera educación

Sería yo el hombre más indolente, y me haría acreedor a las execraciones del universo, si privara a mis compañeros y amigos de este precioso librito, en cuya composición me he alambicado los sesos, apurando mis no vulgares talentos, mi vasta erudición, y mi estilo sublime y sentencioso.

No, no se gloriará en lo de adelante mi compañero y amigo el Periquillo Sarniento,[1] de que su obra halló tan buena acogida en este reino; porque la mía, descargada de episodios inoportunos, de digresiones fastidiosas, de moralidades cansadas, y reducida a un solo tomito en octavo, se hará desde luego más apreciable y más legible: andará no solo de mano en mano, de faltriquera[2] en faltriquera, y de almohadilla en almohadilla; sino de ciudad en ciudad, de reino en reino, de nación en nación, y no parará sino después que se hayan hecho de ella mil y mil impresiones en los cuatro ángulos de la tierra.

Sí, amigos catrines[3] y compañeros míos: esta obra famosa correrá..., dije mal, volará en las alas de su fama por todas partes de la tierra habitada y aun de la inhabitada: se imprimirá en los idiomas español, inglés, francés, alemán, italiano, arábigo, tártaro, etc., y todo hijo de Adán, sin exceptuar uno solo, al oír el sonoroso y apacible nombre de don Catrín, su único, su eruditísimo autor, rendirá la cerviz, y confesará su mérito recomendable.

¿Y cómo no ha de ser así cuando el objeto que me propongo es de

1 *Periquillo Sarniento*: Protagonista de la primera novela de José Joaquín Fernández de Lizardi, *El Periquillo Sarniento*, publicada en 1916 y generalmente considerada la primera novela latinoamericana.

2 *Faltriquera*: Bolsillo o bolsa que llevan colgando las mujeres a la cintura.

3 *Catrín*: Mejicanismo. Petimetre, dandy. La Real Academia Española también registra el uso en Centro América y México como adjetivo con la acepción de «Bien vestido, engalanado.»

los más interesantes, y los medios de los más sólidos y eficaces? El objeto es aumentar el número de los catrines; y el medio, proponerles mi vida por modelo... He aquí en dos palabras todo lo que el lector deseará saber acerca de los designios que he tenido para escribir mi vida; pero ¿qué vida? la de un caballero ilustre por su cuna, sapientísimo por sus letras, opulento por sus riquezas, ejemplar por su conducta y héroe por todos sus cuatro costados; pero basta de exordio, *operibus credite*.[4] Atendend.

Nací, para ejemplo y honra vuestra, en esta opulenta y populosa ciudad por los años de 1790 ó 91, de manera que cuando escribo mi vida tendré de treinta a treinta y un años, edad florida, y en la que no se debían esperar unos frutos de literatura y moralidad tan maduros como los vais a ver en el discurso de esta obrita. Pero como cada siglo suele producir un héroe, me tocó a mí ser el prodigio del siglo dieciocho en que nací, como digo, de padres tan ilustres como el César, tan buenos y condescendientes como yo los hubiera apetecido aun antes de existir, y tan cabales catrines que en nada desmerezco su linaje.

Mis padres, pues, limpios de toda mala raza, y también de toda riqueza, ¡propensión de los hombres de mérito!, me educaron según los educaron a ellos, y yo salí igualmente aprovechado.

Aunque os digo que mis padres fueron pobres, no os significo que fueron miserables. Mi madre llevó en dote al lado de mi padre dos muchachos y tres mil pesos: los dos muchachos, hijos clandestinos de un título, y los tres mil pesos hijos también suyos, pues se los regaló para que los mantuviera. Mi padre todo lo sabía; pero ¿cómo no había de disimular dos muchachos plateados[5] con tres mil patacones[6] de las Indias? Desde aquí os manifiesto lo ilustre de mi cuna, el mérito de mamá y el honor acrisolado de mi padre; pero no quiero gloriarme de estas cosas: los árboles genealógicos que adornan los brillantes libros de mis ejecutorias, y los puestos que ocuparon mis beneméritos ascendientes en las dos lucidísimas carreras de las armas y las letras, me pondrán *usque in aeternum*[7] a cubierto de las notas de vano y sospechoso, cuando os aseguro a fe de caballero don Catrín que soy noble, ilustre y distinguido, por activa, por pasiva y por impersonal.

---

4 *Operibus credite*: Frase del Evangelio de San Juan «Dad crédito a las obras» (Jn,10,38).

5 *Plateado*: Bañado de plata; adinerado. Hace referencia al color y material de la moneda de plata.

6 *Patacones*: Moneda de una onza de plata.

7 *Usque in aeternum*: Lat. «Para siempre.»

Mas, volviendo al asunto de mi historia, digo que por la ceguedad de la fortuna nací, a lo menos, con tal cual decencia y proporciones, las que sirvieren para que mi primera educación hubiera sido brillante.

No había en mi casa tesoros, pero sí las monedas necesarias para criarme, como se me crió con el mayor chiqueo.[8] Nada se me negaba de cuanto yo quería: todo se me alababa, aunque les causara disgusto a las visitas. A la edad de doce años, los criados andaban debajo de mis pies, y mis padres tenían que suplicarme muchas veces el que yo no los reconviniera con enojo: ¡tanta era su virtud, tal su prudencia y tan grande el amor que me tenían!

Por contemporizar con un tío cura, eterno pegote y mi declarado enemigo *ab ineunte aetate*,[9] o desde mis primeros años, me pusieron en la escuela, o mejor decir, en las escuelas, pues varié a lo menos como catorce; porque en unas descalabraba a los muchachos, en otras me ponía con el maestro, en éstas retozaba todo el día, en aquéllas faltaba cuatro o cinco a la semana, y en éstas y las otras aprendí a leer; la doctrina cristiana según el catecismo de Ripalda;[10] a contar alguna cosa, y a escribir mal, porque yo me tenía por rico, y mis amigos los catrines me decían que era muy indecente para los nobles tan bien educados como yo el tener una letra gallarda, ni conocer los groseros signos de la estrafalaria ortografía. Yo no necesitaba tan buenos consejos para huir las necias preocupaciones de estos que se dicen sensatos, y así procuré leer y contar mal, y escribir peor.

¿Qué se me da, amados catrines, parientes, amigos y compañeros míos, qué se me da, repito, de leer así o asado: de sumar veinte y once son treinta y seis; y de escribir, *el cura de Tacubaya salió a casar conejos*[11]? Dícenme que esto es un disparate: que los curas no casan conejos sino hombres racionales: que cazar con z significa en nuestro idioma castellano matar o coger algún animal con alguna arma o ardid, y casar con s es lo mismo que autorizar la liga que el hombre y la mujer se echan al contraer el respetable y santo sacramento del matrimonio. ¿Qué se me da, vuelvo a deciros, de éstas y semejantes importunas reconvenciones? Nada a la verdad, nada seguramente; porque yo he

8 *Chiqueo*: Mej. Mimo, halago.

9 *Ab ineunte aetate*: Lat., «desde la más tierna edad.»

10 Se refiere al *Catecismo* utilizado para enseñar la doctrina cristiana y las primeras letras tanto en castellano como en lenguas indígenas. Su autor, Jerónimo Martínez de Ripalda de la Compañía de Jesús lo publicó en 1616.

11 Juego de palabras que alude al fenómeno lingüístico del seseo propio de Latinoamérica (i.e., casar vs. cazar).

tratado y visto murmurar a muchos ricos que escribían de los perros; pero a vuelta de estas murmuraciones los veía adular, y recomendar por los más hábiles pendolistas[12] del universo; lo que me hace creer, queridos míos, que todo el mérito y habilidad del hombre consiste en saber adquirir y conservar el fruto de los cerros de América.

Tan aprovechado como os digo, salí de la escuela, y mis padres me pusieron en el colegio para que estudiara, porque decían los buenos señores que un don Catrín no debía aprender ningún oficio, pues eso sería envilecerse; y así que estudiara en todo caso para que algún día fuera ministro de Estado, o por lo menos patriarca de las Indias.

Yo en ese tiempo era más humilde o tenía menos conocimiento de mi mérito, y así no pensaba en honras ni vanidades, sino en jugar todo el día, en divertirme y pasarme buena vida.

Los maestros impertinentes me reñían, y me obligaban a estudiar algunos ratos, y en éstos..., ¡lo que es un talento agigantado!, en estos cortos ratos estudié a fuerza, aprendí la gramática de Nebrija[13] y toda la latinidad de Cicerón en dos por tres; pero con tal felicidad, que era la alegría de mis condiscipulos y la emulación de mis cansados preceptores. Aquéllos reían siempre que yo construía un verso de Virgilio o de Horacio, y éstos se rebanaban las tripas de envidia al oírme hacer régimen de una oración, porque yo les hacía ver a cada paso lo limitado de rus talentos y lo excesivo del mío.

Me decían, por ejemplo, que *ego, mei*, no tenía vocativo, y yo les decía que era fácil ponérselo, y necesario el que lo tuviera, pues no teniendo vocativo, no se podrá poner en latín esta oración:*¡Oh yo el más infeliz de los nacidos!*, y poniéndole el vocativo *ego*, diremos: *O ego infelicior natorum*, y ya está vencida esta dificultad, y se podrán vencer así iguales injusticias y mezquindades de los gramáticos antiguos.

La oposición que hice a toda gramática fue de lo más lucido; ni uno hubo que no se tendiera de risa al oírme construir aquel trilladísimo verso de Virgilio.

Tityre, tu patulae recubans sub tegmine fagi,[14] que volví al castellano de este modo:

Tu recubans, tú amarrarás; *Tityre*, a los títeres; *patulae*, de las patas;

12 *Pendolista*: Persona que escribe elegantemente.

13 Se refiere a la Gramática de la lengua castellana publicada por el humanista español Antonio de Nebrija en 1492 y considerada la «primera gramática de un idioma europeo moderno.»

14 «Títiro, tú, recostado a la sombra de un haya frondosa» (Virgilio, *Egloga* I, 1)

fagi, con una faja; *sub tegmine*, bajo de ciertos términos. Todos se reían, celebrando, ya se ve, mi habilidad; pero los maestros se ponían colorados, y aun me querían comer con los ojos desde sus sillas; ¡tanta era la envidia que los agitaba! Pero, en fin, yo recogí mis galas, mis padres quedaron muy contentos y me pusieron a estudiar filosofía.

En esta facultad salí tan aprovechado como en gramática. A los dos meses ya argüía yo en bárbara[15] que era un pasmo, y tenía un *ergo*[16] tan retumbante, que hacía estremecer las robustas columnas del colegio, siempre con asombro de mis condiscípulos y bastante envidia de mis maestros.

Una ocasión, arguyendo con un rancio peripatético[17] que defendía la existencia de cierto animal llamado entre sus antiguos patronos ente de razón, después de varias cosas que le dije, añadí este silogismo concluyente: *Si per alicujus actus eficeretur entis ratio, maxime per huic: per huic non; ergo per nullius*.[18] Las mesas y bancas de la clase resonaron con el palmoteo de los colegiales, que ya con su desentonada risa no dejaron proseguir el argumento; el sustentante me dio un apretado abrazo, y medio real de carita, diciéndome: «Tenga usted el gusto de que es más fácil concebir un ente de razón que poner otro silogismo en un latín tan crespo[19] y elegante». Todos me aplaudieron, todos me celebraron ese día, y no faltó quien escribiera el silogismo con letras de oro, y lo pusiera sobre las puertas de la aula con este mote: *Ad perpetuam rei memoriam, et ad nostri Catrinis gloriam*;[20] que resuelto a romance quería decir: «Para gloria de la memoria de la historia latinoria del ilustrísimo Catrín, que es de los nuestros Catrines». ¿Qué os parece, amigos y compañeros, no os admira mi habilidad en tan pocos años?; ¿no os espanta mi fama tan temprana?; ¿no os ejemplariza mi conducta? Pues imitadme, y lograréis iguales aplausos.

Así pasaron los dos años y medio del curso de artes, en los que tuve el alto honor de haber cursado la Universidad y el colegio con enteras aprobaciones de mis catedráticos y concolegas.[21]

Al cabo de este tiempo, por parecerme poco premio, no quise ob-

---

15 *Bárbara*: Según la escolástica es la primera figura de la silogística.

16 *Ergo*: Griego, por lo tanto. En sentido figurado, se refiere al discurso lógico.

17 *Peripatético*: Que sigue la doctrina o filosofía de Aristóteles.

18 Frase en un latín sin traducción posible. El autor quiere mostrar con esto la ignorancia arrogante de Don Catrín.

19 *Crespo:* Se refiere al estilo artificioso, oscuro y difícil de entender.

20 «A la memoria de este hecho y a la gloria de nuestro Catrin.»

21 *Concolegas*: Colegas.

tener el primer lugar *in rectum* que me ofrecían, y me contenté con el grado de bachiller, que le costó a mi padre treinta y tantos pesos, me parece, y aun éste lo admití porque ya sabía yo cuan necesario es ser bachiller en artes para adquirir los grados de licenciado, doctor y maestro; y como ser bachiller en artes es *conditio sine qua non*, me fue preciso bachillerear contra mi gusto.

Sin embargo, con mi gran título y dieciocho años a cuestas, me divertía en las vacaciones que tuve, pasando el tiempo con mis compañeros y amigos, que eran muchos, y tan instruidos y tan buenos como yo.

Así que al tío cura le pareció que ya perdía demasiado tiempo, instó a mis padres para que me volvieran a soterrar en el colegio a estudiar facultad mayor; pero les dijo que consultaran con mi inclinación para que se procediera con acierto.

Yo tenía muy poca o ninguna gana de continuar una carrera tan pesada como la de las letras, por dos poderosísimas razones; la primera, por no sufrir la envidia que los maestros me tenían al ver cómo descollaban mis talentos; y la segunda, porque ya me consideraba bastante instruido con el estudio que tenía hecho, para disputar de cualquiera ciencia con el mismo Salomón.[22]

Resuelto de esta manera, le dije a mi padre que no quería continuar en los estudios, porque las ciencias no eran sino unas charlatanerías inoportunas, que no proporcionaban a los hombres sino aflicciones de espíritu, quebraderos de cabeza y ningún premio; pues para un medio sabio que cogía el fruto de sus tareas literarias al cabo de los años mil, había novecientos arrinconados en el olvido y la miseria.

Mi padre tenía talento; pero como reconocía muchas ventajas en el mío, se encogió de hombros como quien se sorprende, y no hizo más sino trasladar la respuesta a la noticia de mi pesado tío el cura, con quien, por esta causa, tuve una molesta disertación, como veréis en el capítulo que sigue.

---

22 *Salomón*: Rey de Israel y de Judea. Hombre de una sabiduría legendaria.

Capítulo 2

Describe la figura de su tío el cura, y da razón de lo que conversó con él y con su amigo Precioso, y sus resultas

¡Qué cierto es que si no hubiera entrometidos en las familias, andaría todo con más orden!; pero estos comedidos consejeros muchas veces llevan a las casas la discordia.

Mi buen tío era el cura de Jalatlaco, que habréis oído nombrar varias ocasiones en este reino. Se apuraba por lo que no debía, y aun los cuidados más ajenos lo tenían macilento y extenuado: ¿qué sería cuando juzgaba que el mal recaía inmediatamente sobre alguno de sus parientes? ¡Dios de mi alma!, entonces todo era para él sustos, temores y congojas: no había consejo que no diera, ni diligencia que no practicara, para evitar que sintiera el mal que amenazaba. Algunas veces se salía con la suya a fuerza de regaños y sermones; pero en otras, que eran las más, predicaba en desierto, y todo se quedaba como siempre.

Así le sucedió conmigo. Un día..., pero os pintaré primero su figura, para que conozcáis cuan diferentes serían sus pensamientos de los míos; porque si por el fruto se conoce el árbol, por el exterior suele conocerse el carácter de los hombres.

Era, pues, mi buen tío un clérigo viejo como de sesenta años de edad, alto, flaco, descolorido, de un rostro venerable, y de un mirar serio y apacible: los años habían emblanquecido sus cabellos, y sus estudios y enfermedades, consumiendo su salud, despoblaron de dientes sus encías, llenaron de arrugas el cutis de su cara, y opacaron la vista de sus ojos que eran azules, y se guarecían debajo de una hermosa pestaña y grande ceja; sin embargo, en su espaciosa frente se leía la serenidad de una buena conciencia, si es que las buenas conciencias se pintan en las frentes anchas y desmedidas calvas: sus discursos eran concertados, y las palabras con que los profería eran dulces y a veces ásperas, como lo fueron siempre para mí: su traje siempre fue trazado por la modestia y humildad propia del carácter que tenía; sus manos con su corazón estaban abiertas al indigente, y todo lo que le rindió su curato lo invirtió en el socorro de sus pobres feligreses, con cuyas circunstancias se hizo generalmente amable de cuantos le trataron, menos de mí, que a la verdad no lo tragaba, porque a título de mi tío y de que me quería mucho, era mi constante pedagogo, mi fiscal vigilante y mi perpetuo regañón. ¡Pobre de mí si no hubiera sido por mis amantes padres!, me consume sin duda el señor cura, y me convierte en un misántropo aborrecible o en un anacoreta repentino; pero mis padres, que santa gloria hayan, me amaban más que el tío, y me libraban con modo de su impertinencia. Más valía un no quiero de mi boca, dicho con resolución a mi madre, que veinte sermones de mi tío: ella y mi padre inmediatamente que me veían disgustado, condescendían con mi voluntad y trataban de serenarme. Esto es saber cumplir con las obligaciones de padre de familia; así se crían los hijos, y así salen ellos capaces de honrar su memoria eternamente.

Un día, iba diciendo, me llamó a solas el pesado tío, y me dijo: Catrín, ¿por qué no quieres continuar tus estudios? Mal o bien, ya has comenzado la carrera de las letras; pero nadie se corona ni alcanza el lauro[23] si no llega al término prescrito. Es verdad que los estudios son fastidiosos al principio; pero no es menos cierto que sus frutos son demasiado dulces, e indefectiblemente se perciben. Conque, ¿por qué no quieres continuar?

Señor –le contesté–, porque estoy satisfecho de la inutilidad de las ciencias, de lo mal que se premia a los sabios, y porqué ya sé lo necesario con el estudio que he tenido y la varia lectura a que me he dedicado.

¿Cómo es eso –decía el cura–, explícate, qué casta de varia lectura ha sido ésa? Porque si es igual a tus ponderados estudios, seguramente que nada puede aprovecharte.

Nada menos que eso –le respondí–: he leído una enciclopedia entera, el *Quijote* de Cervantes, el *Gil Blas*,[24] las *Veladas de la*

---

23 *Lauro*: laurel. En sentido figurado, gloria, triunfo.

24 *Gil Blas* (*L'Histoire de Gil Blas de Santillane*): novela picaresca escrita por Alain René Lessage (1668-1747) entre 1715 y 1735. Relata la vida de un pícaro español que, nacido en la miseria, alcanza una vida honesta y holgada después de servir a varios amos de distintos grupos sociales.

quinta,[25] el *Viajero universal*,[26] el *Teatro crítico*,[27] el *Viaje al parnaso*,[28] y un celemín[29] de comedias y entremeses.

Por cierto que has leído mucho y bueno para creerte un sabio consumado; pero sábete para tu confusión, que no pasas de un necio presumido que aumentarás con tus pedanterías el número de los sabios aparentes o eruditos a la violeta.[30] ¿Qué es eso de que las ciencias son inútiles? ¿Qué me puedes decir acerca de esto que yo no sepa? Dirásme, sí, que las ciencias son muy difíciles de adquirirse, aun después de un estudio dilatado; porque toda la vida del hombre, aunque pase de cien años, no basta a comprender un solo ramo de las ciencias en toda su extensión. Solo Dios es el omniscio[31] universal o el ser a quien nada se le esconde; pero el hombre finito y limitado apenas llega, al cabo de mil afanes, a saber algo más de lo que ignora el resto de sus semejantes. De manera que yo convendré contigo en confesar que no hay, ni ha habido ni habrá sobre la faz de la tierra un solo hombre completamente sabio en teología, jurisprudencia, medicina, química, astronomía, ni en ninguna otra facultad de las que conocemos y entendemos; mas esto lo que prueba es que el hombre es limitado por más que haga; pero no que es imposible subir a la cumbre de las ciencias, y mucho menos que éstas sean inútiles en sí.

¿Qué más dirías si supieras que a mediados del siglo pasado el filósofo de Ginebra, el gran Juan Santiago Rousseau, escribió un discurso probando en él que las ciencias se oponían a la práctica de las virtudes, y engendraban en sus profesores una inclinación hacia los vicios, cuyo discurso premió la academia de Dijón en Francia[32]? En-

25 *Veladas de la quinta (Les veillées au Château ou Tours de morale a l'usage des enfants)*. Obra escrita en 1784 por Stephanie-Félicié Ducrest de Saint-Aubin, condesa de Genlis, y traducida al español en 1788, es una colección de fábulas morales para niños.

26 *Viajero Universal, o noticia del mundo antiguo y nuevo.* Obra en 43 tomos compuesta por el abate Joseph la Porte y traducida al español por Pedro Estala entre los años 1795 y 1801.

27 *Teatro crítico universal* (1726-39). Obra en 8 volúmenes escrita por Benito Jerónimo Feijoo (1676-1764). En esta colección de ensayos filosóficos, científicos y literarios está representado el pensamiento iluminista más avanzado de la época.

28 *Viaje al Parnaso* (1614). Poema en 8 cantos escrito por Miguel de Cervantes (1547-1616).

29 *Celemín:* medida antigua para granos equivalente a 4.6 litros. (12 celemines = 1 fanega)

30 *Eruditos a la violeta*: Expresión lexicalizada que alude a los que pretenden ser cultos. Deriva del título de una obra de José Cadalso publicada en 1772 donde se critica la erudición superficial y decorativa.

31 *Omniscio*: que tiene omnisciencia. Fig., que posee sabiduría.

32 Se refiere al *Discours sur les Sciences et les Arts* de Jean-Jacques Rousseau premiado por la Academia de Dijon en 1750 y refutado posteriormente por el Padre Feijoo. En contraste con *El Periquillo*, Lizardi menciona en esta obra a Rousseau a pesar de las sucesivas prohibiciones (en 1794, 1802 y 1810) en México de los libros del llamado «Ruso.»

tonces tú, como tan mal instruido, creerías haber parado al sol en su carrera; pero no, hijo mío: este gran talento abusó de él para probar una paradoja ridícula. Él quiso probar en este discurso que las ciencias eran perniciosas, después que había recomendado su provecho, después que les tomó el sabor, y logró hacer su nombre inmortal por ellas mismas. A tanto llega la vanidad del hombre. Rousseau defendió con su elocuencia un delirio que él mismo condenaba dentro de su corazón; y esta elocuencia fue tan grande, que alucinó a los sabios de una academia respetable, en términos de adjudicarle premio por lo que merecía desaires; pero esto mismo prueba hasta dónde puede llegar la utilidad de las ciencias, pues si el arte de decir hace recomendable lo necio, ¿qué será si se aplica a lo útil y provechoso?

Dirásme también, como ya lo dijiste, que la suerte de los sabios es infeliz, y que por uno que premia el mundo, hay mil a quienes abate o persigue; pero esto no depende de las ciencias, sino del trastorno de las ideas, y de otras cosas que tú no entenderás aunque te las explique; mas sin embargo de esto, el sabio jamás deja de percibir en sí mismo el fruto de sus tareas. El hombre ignorante, aunque sea rico, no puede comprar con ningún oro las satisfacciones que puede gozar el sabio, aun en medio de su desgracia. El primero tendrá quien le adule para extraerle algo de lo que esconde; pero el segundo tendrá quien le aprecie, quien le ame y alabe con relación a su mérito real y no a otra cosa. Últimamente, el necio se llamará dichoso mientras sea rico: el sabio lo será realmente en medio de la desgracia si junta la ilustración y la virtud. Por esto dijo sabiamente Cicerón que «todos los placeres de la vida ni son propios de todos los tiempos, ni de todas las edades y lugares; pero las letras son el aumento de la juventud, y la alegría de la vejez; ellas nos suministran brillantez en la prosperidad, y sirven de recurso y consuelo en la adversidad.»[33] De aquí debes inferir que jamás son inútiles las ciencias: que los sabios siempre perciben el fruto de sus tareas, y que si quieres lograr tú alguno, es necesario que continúes lo comenzado. Esto te digo por tu bien: haz lo que quieras, que ya eres grande.

Diciendo esto el buen cura, se marchó sin esperar respuesta, dejándome bien amostazado[34] con su sermón impertinente.

---

33 *Marco Tulio Cicerón* (106-43 a.C). Uno de los oradores más elocuentes de Roma. La cita probablemente provenga de *Pro Archia*.

34 *Amostazado*: irritado, enojado.

Yo por disipar un poco el mal rato, tomé mi capa, y me fui a comunicar mis cuitas con un íntimo amigo que tenía, llamado Precioso, joven no solo fino, sino afiligranado,[35] de una erudición asombrosa, de unas costumbres ejemplares y cortado enteramente a mi medida.

Cuando entré a su casa, estaba sentado frente a su tocador, dándose color en las mejillas con no sé qué menjurje.[36] Luego que me vio, me hizo los cumplimientos necesarios, y me preguntó por el motivo de mi visita. Yo le dije todo lo pasado, añadiendo: ya ves, amigo, que la carrera de las letras es larga, fastidiosa y poco segura para vivir en este reino: si pienso en colocarme de meritorio en una oficina, tal vez, al cabo de servir de balde cinco o seis años, y cuando vaque[37] una plaza de empleado en la que yo deba colar, se aparece un don Fulano cargado de recomendaciones, me lo encajan encima, y me quedo en la calle; o cuando esto no sea, mi forma de letra es tan corriente, que es imposible la entiendan si no son los boticarios viejos; motivo justo para que no piense en ser oficinista. Si se me presenta el comercio como un giro acomodado para vivir, lo abandono por indecente a la nobleza de mi cuna, pues ya tú ves que un don Catrín no debe aspirar a ser trapero, ni mucho menos a embutirse tras de una taberna, o tras de un mostrador de aceite y vinagre. Pensar en irme a acomodar de administrador de alguna hacienda de campo, es quimera, pues a más de que no tengo instrucción en eso, el oficio de labrador se queda para los indios, gañanes,[38] y otras gentes como éstas sin principios: conque yo no sé qué carrera emprender que me proporcione dinero, honor y poco trabajo.

En muy poca agua te ahogas –me contestó Precioso–. ¿Hay cosa más fácil que ser militar?, ¿pues por qué no piensas en ello? La carrera no puede ser más lucida: en ella se trabaja poco y se pasea mucho, y el rey paga siempre a proporción del grado que se obtiene.

Es verdad –le dije–, me acomoda tu dictamen; pero hay una suma dificultad que vencer, y es que yo..., pues, no soy cobarde; pero como no estoy acostumbrado a pleitos ni pendencias, me parece que no sé cómo me he de presentar en campaña al frente del enemigo. No, no soy capaz de derramar la sangre de mis semejantes, ni menos de exponerme a que se derrame la mía; soy muy sensible.

---

35 *Afiligranado*: se refiere a una persona muy delicada y de exquisita educación.

36 *Menjurje*: menjunje. Mezcla que se aplica sobre la piel.

37 *Vacar*: Producirse una vacante.

38 *Gañán*: Mozo de labranza.

Ya te entiendo –me respondió Precioso–, tú serás muy sensible o muy miedoso; pero yo te juro que como escapes de las primeras escaramuzas, tú perderás el miedo y la sensibilidad muy en breve; todo es hacerse. Conque anda, empeña a tu padre en que te ponga los cordones[39] de mi propio regimiento, y verás qué videta nos raspamos[40].

Las sanas doctrinas de mis amigos tenían mucho ascendiente sobre mi corazón. Al momento adopté el parecer de Precioso, y me volví a mi casa loco de contento, resuelto a ser cadete a toda costa.

No me costó mucho trabajo, pues aunque al principio se resistía mi padre, alegando que estaba pobre, y que no podía sostenerme con el decoro conveniente a la clase distinguida de cadete; yo insté, porfié y reñí por último, con mi madre, la que por no verme encolerizado, me ofreció que obligaría a mi padre a darme gusto más que se quedaran sin colchón.

No fueron vanas las promesas, porque mi madre hizo tanto, que al día siguiente ya mi padre mudó de parecer, y me preguntó que de qué regimiento quería ser cadete; y habiendo sabido

que del mismo de donde lo era don Precioso, me aseguró que dentro de ocho días me pondría los cordones. Así se verificó, según os voy a contar en capítulo separado.

---

39 *Cordones*: Pl. Divisa que los militares llevan colgando del hombro derecho, consistente en un cordón de oro o plata cuyas puntas rematan en dos borlas.

40 *Que videta nos raspamos*: que buena vida nos damos.

Capítulo 3

En el que se refiere cómo se hizo cadete: las advertencias de su tío el cura, y la campaña de Tremendo

Nada se dificulta conseguir en habiendo monedas y nobleza: yo lo vi conmigo palpablemente. Mi padre entabló su solicitud por mí, presentando mis ejecutorias de hidalguía y de nobleza, y los recomendables méritos de mis abuelos, que habían sido conquistadores, con lo que en dos por tres cátenme[41] aquí con mis licencias necesarias para incorporarme en la milicia.

En efecto, a los cuatro días ya estaba hecho mi famoso uniforme, y el domingo siguiente me lo puse con mucho gusto mío, de mis padres, de mis amigos y parientes, menos del cura, que como acostumbrado a tratar solo con los mazorrales[42] de su curato, era opuestísimo al brillo de la corte y al lujo de los caballeros; y así estaba muy mal con mi nuevo empleo, y no era eso lo peor, sino que trató de indisponer a mi padre hasta el último día; mas no lo consiguió: yo me puse los cordones, y esa noche hubo en casa un magnífico baile.

Todos me dieron mil abrazos y parabienes, y entre los brindis que se repetían a mi salud, me decían que parecía yo un capitán general, con lo que me hacían conocer mi mérito con solidez.

Solamente el cura, el santo cura, que Dios haya perdonado, era mi continuo tormento. Así que se concluyó la función me dijo: Soy tu tío; te amo sin fingimiento; deseo tu bien; estás en una carrera en que puedes conseguirlo si eres hombre de arreglada conducta; pero temo mucho que no es el deseo de servir al rey ni a tu patria el que te ha conducido a este destino, sino el amor al libertinaje. Si así fuere, sábete que si hay militares pícaros, hay jefes honrados que los hagan cumplir con sus deberes, o los desechen con ignominia en caso grave; que si

41 *Catar*: ver, examinar.

42 *Mazorral*: Grosero, rudo.

sales tan mal soldado como estudiante, lograrás iguales aplausos, recomendaciones y aprecios; y, por último, sábete que aunque logres ser un libertino tolerado, a la hora de tu muerte encontrarás un juez supremo e inexorable que castigará tus crímenes con una eternidad de penas. Dios te haga un santo: que pases buena noche.

Éste fue el parabién que me dio el cura, y yo le quedé tan agradecido como obligado, pues me dejó confundido su última amenaza. Sin embargo, al otro día fui a buscar a mis amigos, a quienes hallé en un café, y luego que me vieron, me instaron para que tomara aguardiente, favor que yo admití de buena gana.

Durante el brindis no quedó mujer conocida de México cuya honra no sirviese de limpiadientes a mis camaradas, entre los que estaba un don Taravilla, mozo de veinte años, hablador como él solo y catrín completo, esto es, hombre decente y de muy bellas circunstancias. Sin ayuda de nadie divertía una tertulia una noche entera: nadie hablaba cuando él comenzaba a platicar, y aunque tenía el prurito de quitar créditos, nadie se lo notaba, por el chiste y la generalidad con que lo hacía.

En esta ocasión me acuerdo que dijo que ninguno de nosotros podía jurar que era hijo de su padre, y añadió: yo por mí, a lo menos, no me aventuraré jamás a creer ni asegurar tal cosa. Mi madre es joven y bonita, su marido es viejo y pobre. Ustedes dirán si yo podré jurar que fue mi padre, pero ¿qué me importa? Él me sostiene, mi madre es mujer, y es fuerza perdonarle sus fragilidades.

Quien de este modo hablaba de sí mismo, ¿cómo hablaría de los demás? En menos de media hora hizo pedazos el honor de diez doncellas conocidas, destrozó el crédito de seis casadas, echó por tierra la buena opinión de veinte comerciantes, y trilló la fama de cuatro graves religiosos, nada menos que prelados; y si la conversación dura más, las togas, las prebendas, el bastón y el báculo de México quedan hechos harina debajo de su lengua. Tanta era su volubilidad, tanta su gracia.

Yo no podía menos que acordarme de lo que el tío cura me había dicho la noche anterior; y así, confuso, recargado sobre la mesa, con la mano en la frente y la botella delante, decía dentro de mí: no hay remedio, una conversación como ésta, en la que no hay un crédito seguro, ni puede ser agradable a Dios ni provechosa a los hombres.

Tanto el hablar como el oír con gusto estas mordacidades no puede menos que ser malo, pues se tira y se coopera contra el prójimo, lo que es una falta de caridad; y nuestra religión nos asegura que el que no ama a sus semejantes como a sí, no cumple con la ley; el que no cumple con la ley, peca; el que peca con gusto, conocimiento y constancia, se obstina; el que se obstina, vive mal; el que vive mal, muere mal casi siempre; el que muere mal, se condena, y el que se condena, padecerá sin fin. ¡Válgame Dios! Esto fue lo que anoche quiso decirme el cura...

Tan embebecido estaba yo en estas tristes consideraciones, que ni atendía a lo que platicaban mis amigos. Mi abstracción fue notable en tanto grado, que un don... qué sé yo cómo se llamaba, le decían don Tremendo, oficial del regimiento N., la notó, y me reconvino. Yo le dije lo que me había pasado la noche anterior con mi tío, y que el temor que me había infundido su arenga era la causa de mi confusión.

Una burleta[43] general fue la salva de mi respuesta: todos se rieron a carcajadas, y el camarada Tremendo acabó de excitar su alegría diciendo: ¡valiente mona tenemos por compañero, de armas! Hombre del diablo, ¿por qué no pretendiste el velo de capuchina[44], antes que los cordones de cadete, o a lo menos el asador de la cocina de un convento de frailes, ya que eres tan pacato[45] y escrupuloso? Vaya, vaya, se conoce que eres un pazguato[46] de más de marca. Mírate ahí, muchacho, no muy feo, con cuatro reales en el bolsillo y unos cordones en el hombro, y espantándose por dos chismes que te contó tu tío..., pues tu tío, un clerizonte viejo, fanático y majadero a prueba de bomba, a quien yo hubiera echado al perico[47] tiempos hace; más él te ha sabido infundir un terror pánico desmedido, acobardando tu espíritu con cuentos de viejas y palabras que nada significan. Vamos, chico, vamos; paséate con nosotros alegremente, brinda con los que beben, juega, enamora, riñe y solázate con quien sabe pasear, beber, jugar, enamorar, reñir y solazarse. Mañana serás un triste retirado: la vejez habrá robado las gracias de tu juventud, y la alegría huirá veinte leguas en torno de tu habitación, y entonces sentirás no haber aprovechado estos momentos lisonjeros que te ofrece tu presente estado.

Desengáñate, Catrín: paséate, huélgate, juega, enamora, tente en

43 *Burleta*: por burla, acción con que se pone en ridículo a alguien.

44 *Capuchina, no*: Religioso descalzo que pertenece a la orden reformada de San Francisco.

45 *Pacato*: Mojigato, que tiene excesivos escrúpulos.

46 *Pazguato*: Simple que se admira de lo que ve y oye.

47 *Echar al perico*: coloq. Méx., desestimar violentamente. Equivale a «mandar al carajo».

lo que eres, esto es: entiende que el ser militar aun en la clase de soldado raso, es más que ser empleado, togado ni sacerdote. El oficial del rey es más que todo el mundo; todos lo deben respetar, y él a ninguno; las leyes civiles no se hicieron para los militares; infringirlas en ti será, a lo más, una delicadeza si observas las ordenanzas y vistes con tal cual lujo; todos los bienes, y aun las mujeres, son comunes en tiempo de guerra, y en el de paz se hacen de guerra echando mano al sable por cualquier cosa; y así olvídate de esas palabras con que te espantó el viejo tonto de tu tío, y pasa buena vida. Muerte, eternidad y honor, son fantasmas, son cocos con que se asustan los muchachos. Muerte, dicen; pero ¿quién temerá a la muerte cuando el morir es un tributo debido a la naturaleza? Muere el hombre, lo mismo que el perro, el gato, y aun el árbol, y así nada particular tiene la muerte de los hombres. Eternidad: ¿quién la ha visto, quién ha hablado con un santo ni con un condenado? Esto es quimera. Honor: ésta es una palabra elástica que cada uno le da la extensión que quiere. Punto de honor es combatir al enemigo hasta perder la vida en la campaña, y punto de honor es asesinar al indefenso, robarle sus bienes y abusar de la inocencia de sus hijas. Esto lo has visto: la gracia está en saber pintar las acciones y dictar los partes; y teniendo la habilidad de engañar a los jefes, tú pasarás por un militar sabio, valeroso y prudente.

Conque vuelve por tu honor entre los camaradas: sé corriente, franco, marcial y para todo; pues si te metes a místico y escrupuloso, serás la irrisión mía, de Precioso, de Taravilla, y en fin hasta de Modesto, que ya lo ves que parece que no sabe quebrar un plato.[48]

Este Modesto era un joven oficial, que había estado oyendo la conversación de Tremendo con mucho silencio; pero lo rompió a este tiempo, y dijo con bastante seriedad: ¿oyes, Tremendo? el cadete nuevo tiene mucha razón para confundirse al oír una plática tan escandalosa como la que sostuvo Taravilla, y la tendrá mayor si se hace cargo de los desatinos que has dicho, y cuya malicia tú mismo ignoras; pero yo que aunque joven y militar no soy de la raza de los Catrines y Tremendos, debo decirle que hace muy bien en abrigar los cristianos y honrados sentimientos que le ha inspirado el bueno de su tío. Sí, amigo don Catrín: entienda usted que la carrera militar no es el camino real de los infiernos. Un cadete, un oficial, es un caballero, y

48 *No sabe quebrar un plato*. Aparenta ser inofensivo.

si no lo es por su cuna, ya el rey lo hizo por sus méritos o porque fue de su agrado; pero no es caballero ni lo parecerá jamás el truhán, el libertino, el impío, el fachenda[49] ni el baladrón.[50] No, amigo: la carrera militar es muy ilustre; sus ordenanzas y sus leyes, muy justas; y el rey ni debe, ni quiere, ni puede autorizar entre sus soldados el robo, el asesinato, el estupro, el sacrilegio ni el libertinaje, como por desgracia creen muchos de mis compañeros degradados. No señor: el oficial que tiene el honor de militar bajo las banderas del rey, debe ser atento, comedido, bien criado, humano, religioso, y de una conducta de legítimo caballero.

Ninguna licencia le permite a usted el rey para ultrajar al paisano de paz, para atropellar su honor ni el de su familia, para hacer una estafa, ni para ser desvergonzado ni provocativo espadachín. Sépase usted, amigo, que cuando comete estos delitos, sus cordones, sus charreteras, sus galones ni sus bordados le servirán de otra cosa sino de hacerlo más abominable a los ojos de los sabios, de los virtuosos, de sus jefes y de todo el mundo; porque todo el mundo se resiente de la conducta de un pícaro, por más que tenga la fortuna de pasar por un señor: en tal caso, sus superiores le desairan, sus iguales le abominan, y sus inferiores le maldicen.

Si cualquiera se hace aborrecible con estos vicios, ¿qué será si a ellos añade el ser un blasfemo y un impío, que se produzca escandalosamente contra nuestra católica religión, religión la más santa, única verdadera y justificada? ¿No basta ser infractores de la ley?; ¿es menester destruir el dogma, burlarse de los misterios y hacer una descarada irrisión de lo más sagrado, a título de bufones, de necios y de libertinos?

Si por mí lo dices –contestó Tremendo muy enojado–, si por mí lo dices, so botarate, hipocritón, mira cómo te explicas, porque a mí..., pues, ni San Pedro me ha hecho quedar mal en esta vida. Ya me conoces, chico: cuenta con la boca, porque yo no aguanto pulgas; y por vida del gorro de Pilatos que si me enfado, del primer tajo te he de enviar a buscar el mondongo[51] y la asadura más allá de la región del aire.

Todos se rieron, como era regular, de la arrogancia de Tremendo;

---

49 *Fachenda*: coloq.,Vanidoso, jactancioso.

50 *Baladrón*: Fanfarrón y hablador que, siendo cobarde, finge ser valiente.

51 *Mondongo*: coloq., Intestinos de una persona.

pero Modesto, bastante serio, le dijo: anda a pasearte, fanfarrón: ¿qué piensas que me amedrentas con tus baladronadas? Estoy seguro de que los más matones[52] son los más cobardes... Eso no, voto a Cristo –dijo Tremendo–: el cobarde y hablador tú lo eres, y te lo sostengo de este modo...

Diciendo y haciendo sacó el sable, y Modesto, más ligero que una pluma, sacó también el suyo, y se puso en estado de defensa... Pero dejémoslos con los sables en las manos, reservando la noticia del fin de su reñidísima campaña para el capítulo que sigue, pues éste ya va muy largo, y el prudente lector tendrá ganas de fumar, de tomar un polvo, toser o estornudar, y no será razón impedirle que tome un poco de resuello.[53]

52 *Matón*: coloq. Hombre pendenciero que quiere intimidar a los demás.

53 *Resuello*: Respiración violenta.

Capítulo 4

Dase razón del fin de la campaña de Tremendo: desafía éste a Catrín, y se trata sobre los duelos

Con los sables levantados en el aire quedaron nuestros dos bravos campeones en el capítulo pasado; pero no los tuvieron ociosos mucho tiempo. Tremendo tiró un furioso tajo sobre la cabeza de Modesto, quien le hizo un quite muy diestro, pero desgraciado para mí, porque el sable se deslizó sobre mi hombro izquierdo, y no dejó de lastimarme; yo me irrité como debía; y acordándome de las lecciones que me habían dado mis amigos sobre que no me dejara de nadie, que vengara cualquiera ofensa, por leve que fuese, y que no disculpara la más ligera falta que contra mi respetable persona se cometiera; acordándome, digo, de éstas y otras máximas morales, tan bellas y seguras como las dichas, me encendí en rabia, y como poco acostumbrado al uso del sable, se me olvidó echar mano a él, y afianzando el vaso de aguardiente que tenía delante, lo arrojé a la cara de Tremendo; pero tuvo la fortuna de que se le quebró en el botón del sombrero, y se le introdujo algún licor en los ojos. Entonces dos veces ciego con la cólera y con el alcohol, se enfureció terriblemente, y comenzó a tirar tajos y reveses al montón que Dios crió; pero tantos, tan seguidos y sin orden, que a todos nos puso en cuidado aquel maldito loco.

El alboroto fue terrible: los vasos, escudillas,[54] botellas, mesas y demás muebles del café andaban rodando por el suelo, y nosotros harto hacíamos en defendernos con las sillas. Los pobres dueños de la casa estaban divididos en sus opiniones: unos querían pedir auxilio al cuerpo de guardia inmediato y otros se oponían porque no les tocara la peor parte.

---

54 *Escudilla*: Vajilla en forma de media esfera que se usa comúnmente para servir sopa.

Los gritos, golpes, bulla y algazara eran insufribles, hasta que por fortuna, dos compañeros tuvieron lugar de afianzar por los brazos a Tremendo. Entonces le quitaron el sable, le metieron a lo más interior de la casa y trataron todos de serenarle, lo que no se pudo conseguir, porque Tremendo toda la furia que tenía con Modesto, la volvió contra mí, y echando votos y maldiciones me maltrató a su placer, y concluyó jurando vengarse a fe de caballero, y satisfacer el ultraje de su honor con la espada en la mano; para lo cual, si tu nacimiento es noble –me decía–, y si eres tan valiente en el campo, cuerpo a cuerpo, como en los cafés, rodeado de tus amigos, a las cuatro de esta tarde te espero solo con mi sable en el cementerio de San Lázaro.[55] Sé que no irás porque eres un cobarde; pero con tu miedo me daré por satisfecho, mi honor quedará con lustre, y tú pasarás por un infame entre los camaradas.

Diciendo esto, se marchó sin esperar respuesta.

Todos se miraban con atención, y con la misma me veían a la cara. Yo conocí cuánto significaban su admiración y su silencio; y aunque es verdad, como que me he de morir, que yo le tenía bastante miedo a Tremendo, y que le hubiera dado todo lo que tenía en el bolsillo por que no me hubiera desafiado, me avergoncé de haber callado; y haciendo de tripas corazón, les dije: No hay cuidado, amigos, no hay cuidado. Está admitido el duelo, a la tarde nos batiremos en el campo. ¿Qué se dijera de don Catrín Fachenda si en el primer lance público de honor que se le ofrece, manifestara cobardía? No, de ninguna manera huiré la cara al peligro. Bueno fuera que un militar, que no debe temer a una fila entera de enemigos, tuviera miedo a un patarata[56] hablador como Tremendo. Dos brazos tiene él como yo, un sable llevará tan bueno como el mío, y no ha de dejar a guardar su corazón en su casa como ni yo tampoco.

Puede matarme, y yo también puedo matarlo a él, que será lo más seguro. Ya le tengo lástima, porque si le acierto el primer tajo así como el vasazo de aguardiente, bien puede ver donde lo entierran.

No dejaron algunos de reírse de mis bravatas; pero todos apoyaron mi determinación de admitir el duelo, y yo conocí que me conside-

---

55 *Cementerio de San Lázaro*: Cementerio ubicado junto al Hospital San Lázaro, en el oriente del centro histórico de la ciudad de México, cerca del quemadero conocido como el Albarradón. A este cementerio llegaban cadáveres de personas pobres. Acá fue enterrado Fernández de Lizardi.

56 *Patarata*: Cosa ridícula y despreciable.

raron por hombre valiente, de honor y de resolución; menos Modesto, quien me dijo: Vamos, amiguito, déjese usted de locuras y quijotadas. Hacer un desafío y admitirlo, no prueba el más mínimo valor. Se hacen por venganza, y se admiten por soberbia.

No consiste el honor en la punta de la espada,[57] sino en lo bien ordenado de las costumbres. Más valor se necesita para perdonar una injuria que para vengarla; esto todo el mundo lo conoce y lo admira, y la historia nos conserva millares de ejemplos que comprueban esta clase de verdadero heroísmo.

Cualquiera alma noble se enternece al oír la generosidad con que José en Egipto perdonó a sus pérfidos hermanos que de muchacho le vendieron a unos mercaderes por esclavo. Mayor parece David cuando perdona a su enemigo Saúl la vida que cuando camina a vengarse de la bárbara grosería del marido de Abigail. Alejandro, César, Marco Aurelio y otros lloraron por la muerte de sus capitales enemigos, sintiendo los dos últimos el no haber tenido la gloria de perdonarlos. Echaban en cara al emperador Teodosio el joven, que era muy humano con sus enemigos; y él respondió: «En verdad que lejos de hacer morir a mis enemigos vivos, quisiera resucitar a los muertos». ¡Qué respuesta tan propia de un emperador, digno de serlo!

Sería cansaros, amigo, y cargar yo con la nota de un pedante que pretende vomitar de una vez toda su erudición, si dijera aquí todos los sucesos ilustres de esta clase que se me vienen a la memoria: baste repetir que el perdonar una injuria es más glorioso que el vengarla. Por eso dice Dios por Salomón: «El hombre pacífico es mejor que el valiente y animoso; y el que dueño de sí mismo sabe dominar su corazón, vale más que el conquistador de las ciudades».[a]

El vencer un hombre a su enemigo puede consistir en una contingencia, que después se atribuye a valor, habilidad o fortuna; pero el vencerse a sí mismo prueba sin duda un uso recto de la razón, un gran fondo de virtud, y una alma noble. En ninguna ocasión lucen mejor estos vencimientos que cuando se perdonan las injurias; entonces sí, entonces se conoce la superioridad de una alma grande. Por

---

57 Muchas de las citas que aparecen a continuación provienen del Abate Jean Baptiste Blanchard, autor de *L'Ecole des moeurs* (1775), la adaptación cristiana del *Emile* de Rousseau, y una obra que tuvo inmensa influencia en Lizardi. Las ideas de Blanchard fueron difundidas en el *Diario de México* (1805-17) por José María Barquera, uno de sus editores.

a *[nota del autor] Prov.16,32.*

esto decía el conocido y célebre Descartes:[58] «Cuando me hacen una injuria, procuro elevar mi alma tan alto, que la ofensa no llegue hasta a mí». Según esto ¡qué grande no fue el elogio que Cicerón hizo de César[59] cuando dijo que nada olvidaba, sino los agravios que le hacían! Esta sola expresión en boca del orador romano, nos retrata la bondad de aquel grande hombre.

Al contrario, el vengativo manifiesta de a legua su vileza y la ruindad de su corazón; verdad que conocieron los gentiles no ilustrados con las luces del Evangelio. «El querer vengarse», decía Juvenal,[60] «es la seña inequívoca de un ánimo débil y de una alma pequeña.»

Por lo común, los espadachines y duelistas no son sino los más malvados y groseros con todo el mundo. Ignorantes de lo que es el verdadero honor, pretenden acogerse a él para vengarse y satisfacer su excesiva soberbia, y si en cualquier ciudadano es abominable este ruin carácter, lo es aún más en un militar, en quien se debe suponer que no ignora lo que es honor verdadero ni las leyes de la buena educación que nos prescriben ser atentos, afables y prudentes con todos.

Con razón Teodorico[61] escribía a sus militares pendencieros: «Volved vuestras armas contra el enemigo, y no os sirváis de ellas los unos contra los otros. Jamás unas querellas poco importantes en sí mismas os conduzcan a excesos reprensibles. Someteos a la justicia que hace la felicidad universal. Dejad el acero cuando el Estado no tiene enemigos, pues es un gran crimen levantar la mano contra los ciudadanos por cuya defensa sería glorioso exponer la vida.»

Yo, compañeros, conozco que tal vez os habrá disgustado mi larga arenga; pero dispensadme, pues todos mis esfuerzos se dirigen a que el caballero don Catrín prescinda, como debe, del duelo para que está citado, y que viva en la inteligencia de que nada pierde por esto del buen concepto que se merece entre nosotros.

Eso no puede ser –dije yo–, porque será pasar por un cobarde y un infame en la opinión de Tremendo.

---

58 *René Descartes* (1596-50). Filósofo, físico y matemático francés conocido como el padre de la filosofía moderna.

59 *Julio César* (100 BC-43 BC). Militar y orador que tuvo un rol fundamental en la transformación de la República en Imperio Romano.

60 *Juvenal*. Poeta romano, autor de las *Sátiras*, obra donde critica las costumbres paganas de Roma.

61 *Teodorico el Grande* (454-526). Rey de los Ostrogodos proclamado también rey de Italia en 494.

Lo contrario será si usted admite el desafío –me contestó Modesto–: en tal caso sí será usted un infame por las leyes y un excomulgado por la Iglesia, que negará aun un lugar sagrado a su cadáver si muriere en el desafío.

Como militar nuevo, aún no habrá visto usted la real pragmática sobre este punto, pero por fortuna tengo en el bolsillo el tomo 39 de las *Ordenanzas militares*[62] donde se halla, y se la he de leer a usted toda aunque no quiera, para que no alegue ignorancia, ni me culpe si yo lo denuncio, caso de que persista en su intención de admitir el desafío que le han hecho. Oiga usted:

«Don Felipe», etc. (aquí nos encajó toda la cédula al pie de la letra) y luego prosiguió.

«No puede estar más clara la benéfica intención del legislador en beneficio de la humanidad. Ni solo en España se ha hecho abominable la maldita costumbre de los duelos, nacida desde tiempos atrás entre las naciones bárbaras y feroces del norte. Gustavo Adolfo, su primer conquistador, el que trató de reducir a aquellas gentes a la mejor civilización, en el siglo xvi, sabiendo que los duelos comenzaban a hacer destrozos en su ejército, los prohibió con pena de muerte. Sucedió, dice el abate Blanchard, que dos de sus principales oficiales se desafiaron y pidieron al rey licencia para batirse cuerpo a cuerpo. El rey al pronto se indignó de la proposición; pero sin embargo, consintió en ella, añadiendo que quería ser testigo del duelo. Fue a él con un pequeño cuerpo de infantería que colocó alrededor de los dos valientes, diciéndoles: «Vamos; firme, señores: combatid ahora mismo, hasta que uno de vosotros caiga muerto». A seguida hizo llamar al verdugo del ejército, y le dijo: «al instante que muera uno de los dos, córtale al otro la cabeza delante de mí». Esto bastó para que, reconociendo ambos su soberbia necedad, implorasen el perdón del rey, reconciliándose para siempre, y dando con este ejemplo una lección tan eficaz en la Suecia, que desde entonces no se oyó hablar de los duelos en el ejército.»

¡Cáspita en la sentencia! –dijo Taravilla–: ése era el juego del ganapierde,[63] pues en riñendo, los dos morían; mas no se puede negar

---

62 *Ordenanzas militares:* Felipe IV dicta en 1632 *las Ordenanzas militares* que tuvieron vigencia durante casi un siglo y sirvieron de base a la legislación militar posterior. Fueron suspendidas por las Ordenanzas de 1728. A estas ordenanzas de Felipe V siguieron las ordenanzas particulares que fueron sustituidas por las de Carlos III, dictadas en 1768 y cuya vigencia parcial en España duró hasta 1973.

63 *Juego del ganapierde*: Un modo diferente de jugar a las damas: gana el que pierde todas las piezas.

que la intención del rey fue buena, pues no quiso que muriera ninguno.

Con esto se concluyó nuestra sesión; porque dieron las dos de la tarde, y cada uno nos despedimos para irnos a comer a nuestras casas.

Yo llegué a la mía: comí con inquietud, porque cuanto dijo Modesto lo tuve por un efecto de cobardía; y resuelto a admitir el duelo, apenas me tiré en la cama un corto rato para pasar la siesta, y sin dormirme, pues estaba pendiente del reloj.

Dieron las tres y media, y al instante me levanté, tomé mi sable, marché para San Lázaro, me encontré con Tremendo, reñimos y quedamos amigos, como veréis en el capítulo que sigue.

Capítulo 5

Largo pero muy interesante

Hallé a Tremendo paseándose frente al cementerio de San Lázaro: su vista, su cuerpazo, sus grandes bigotes y la soledad del campo me infundieron tanto temor que las rodillas se me doblaban, y más de dos veces estuve por volver la grupa; pero él me había visto, y mi honor no debía quedar mal puesto en su opinión.

Con esta consideración y acordándome que a los atrevidos favorece la fortuna; que quien da primero da dos veces, y que toda la valentía que para estos casos se requiere, es resolverse a morir o matar a su enemigo al primer golpe, me acerqué a Tremendo con mi sable desnudo, y a distancia de doce pasos le dije: defiéndete, cobarde, porque ya sobre ti todo el infierno.

El fuerte grito con que pronuncié estas palabras, el denuedo con que corrí a embestirle, los muchos tajos, reveses y estocadas que le tiré sin regla, la ninguna destreza que él tenía en el manejo de su arma, y mi atrevida resolución para morir impusieron a Tremendo de tal modo, que ya no trataba de ofenderme, sino de defenderse solamente.

Sosiégate, chico –me decía–, sosiégate; si todo ha sido broma por verte y conocer tu valor, pero yo soy tu amigo, y no quiero reñir con seriedad.

Por estas expresiones advertí que me había reconocido alguna superioridad sobre su sable; pero acordándome que donde las dan las toman, y que a veces el miedo acosado hace prodigios de valor, como lo acababa de hacer conmigo, me resolví a ceder, pues ya mi honor quedaba en su lugar, y el formidable Tremendo se me daba a partido.[64]

64 *Dar a partido*: Ceder su opinión, rendirse.

Me retiré tres pasos atrás, y con un tono harto grave le dije: yo dejo de reñir porque me protestas tu amistad; pero para otro día no te chancees[65] con tanto peligro de tu vida.

Tremendo me ratificó de nuevo su cariño: los dos juramos sobre nuestras espadas no decir a nadie lo que había pasado; envainamos los sables, nos abrazamos estrechamente, nos besamos en los carrillos, y nos fuimos al café muy contentos. En esto paró nuestro terrible desafío.

En el camino le conté todo lo que había dicho Modesto acerca de los duelos, y cómo están desaforados los militares y caballeros de órdenes que desafiaren, admitieren el desafío, o intervinieren en él de cualquier modo, con la pena de aleves y perdimiento de todos sus bienes; y que si tenía efecto el desafío, aunque no haya riña, muerte, o herida, con tal que se verifique que han salido al campo a batirse, serán castigados, sin remisión alguna, con pena de muerte.

Todo esto sabía yo –me respondió Tremendo–; y por eso quise excusar la riña sin herirte, si no, ¡voto a Cristo!, que en la salida que hiciste sobre la izquierda te pude haber tirado la cabeza sobre las astas de Capricornio; pero soy tu amigo, tengo mucho honor, y sólo te desafié por una chanza, y por experimentar si eras muchacho de valor. Ahora que sé que lo tienes, seré tu amigo eterno, y a los dos juntos no nos acobardarán todas las furias del infierno desatadas en contra nuestra. Pero te advierto que tu amistad no la dediques sino a mí, a Precioso, a Taravilla, a Tronera y a otros semejantes; y de ningún modo a Modesto, a Prudencio, a Constante, a Moderato, ni a otros oficiales hipócritas y monos[66] de que por desgracia abunda nuestro regimiento.

Estos jóvenes tontos y alucinados por los frailes, te predicarán como unos misioneros apostólicos, llenarán tu cabeza de ideas sombrías y pensamientos fúnebres; pero no seas bobo: acompáñate con mozos festivos y corrientes como yo, si es que quieres pasarte una vida alegre y sin tormentos.

Entretenidos con estos santos coloquios, llegamos al café. Luego que nuestros camaradas nos vieron, manifestaron su alegría; porque como presenciaron el desafío, y no nos habían visto en la tarde, creyeron que ya nos habíamos hecho pedazos en el campo.

---

65 *Chancear*: Bromear.

66 *Mono*: que siente vanidad, envanecido.

Nos preguntaron por el éxito de nuestro duelo, y respondió Tremendo que todo no había pasado de una chanza porque jamás tuvo intención de reñir conmigo a sangre fría. Todos se mostraron gustosos por el buen remate del desafío, y después de tomar café, nos separamos.

Dos años viví contento, aprendiendo mil primores de mis amigos Tremendo y compañeros. Sus máximas para mí eran el evangelio, y sus ejemplos, la pauta por donde reglaba mis costumbres.

En pocos días me dediqué a ser marcial, a divertirme con las hembras y los naipes, a no dejarme sobajar[67] de nadie, fuera quien fuera, a hablar con libertad sobre asuntos de estado y de religión, a hacerme de dinero a toda costa y a otras cosas como éstas, que en realidad son utilísimas a todo militar como yo.

Los oficiales Modesto, Justo, Moderato y otros fanáticos alucinados como ellos, me molían[68] cada instante con sus sermones importunos, en los que me decían que las máximas que yo adoptaba y las costumbres que trataba de imitar eran erróneas y escandalosas; que con el tiempo no sería sino un libertino, jugador, provocativo, estafador, desvergonzado, atrevido y blasfemo; que viera que cuanto mayores grados tuviera en el servicio del rey, tantas mayores obligaciones tenía de ser buen caballero y buen cristiano, pues lo que en el soldado raso se castiga con prisión o baquetas,[69] en el cadete u oficial se debe castigar con pena más grave, pues en éste se deben suponer mejores principios, mayor ilustración, y de consiguiente más honor y más obligación. Éstas y otras mil cosas me decían, y las contrarias mis amigos. Éstos me repetían que eran simplezas, hipocresías y faramallas.[70] Ríe con los que ríen –me decía Taravilla–: ¿acaso las leyes del magistrado, las reglas del fraile y los estatutos de las cofradías son lo mismo que las ordenanzas militares? No lo creas aunque te lo juren. El militar, así como en el traje, se debe diferenciar en proceder del letrado, del fraile, del oficinista, del labrador, del artesano, del comerciante, del eclesiástico, y de toda clase de paisano. ¿Habrá gusto como seducir a una casada, engañar a una doncella, dar dos cuchilladas a un fanático, burlarse de la justicia de uno de estos que se dicen arreglados, pegar un petardo[71] a un avariento, mofarse de un hipócrita y hablar con ma-

67 *Sobajar*: Sobar, manosear.

68 *Moler*: fig. Molestar seriamente con impertinencias.

69 *Baqueta*: fig. Varilla de membrillo u otro árbol que se usa para azotar caballos.

70 *Faramalla:* Charla artificiosa destinada a engañar.

71 *Pegar un petardo*: Estafar.

gisterio aun de lo que no entendemos? Vaya, Catrín, tú tienes poco mundo, y no conoces el siglo ilustrado en que vives. Ríete, ríete una y mil veces de las necedades de algunos oficiales compañeros míos, que procuran con sus bohenas hacerte monje capuchino con cordones en el hombro. Es verdad que en el regimiento todos los quieren, que sus jefes los aprecian, que los paisanos tontos los admiten en sus casas, y que ellos están envanecidos con estos obsequios aparentes; pero, en realidad, ¿qué son sino unos serviles complacedores del gusto de los santuchos y moralistas rígidos? Pero tú, amigo, no, no te repliegues en tan estrechos límites. Ensánchate, expláyate, diviértete al modo que los que llaman libertinos: no haya muchacha que no sea víctima de tu conquista: no haya bolsa segura de tus ardides: no haya virtud libre de tu fuerza, ni religión ni ley que no atropelle tu lengua, ayudada de tu ilustradísimo talento, y entonces serás el honor de los Catrines y la gloria de tu país.

Como mi corazón siempre ha sido muy dócil, aproveché estas lecciones grandemente. Di de mano a los importunos predicadores, me entregué del todo a los placeres, y me pasé dos años..., ¡ah qué dos años!, los más alegres que se pueden imaginar.

Dentro de pocos días, gracias a los saludables consejos y edificantes ejemplos de mis amigos, dentro de pocos días ya echaba yo un voto y veinte desvergüenzas con el mayor desembarazo, me burlaba de la religión y sus ministros, y el jugar mal, quitar un crédito y hacer otras cosillas de éstas, me parecían ligerezas, puntos de honor y urgencias de la necesidad.

Si el primer año de esos dos fue bueno, el segundo fue inmejorable, porque a sus principios se le puso a mi padre en la cabeza la majadería de morirse, y se salió con ella: mi madre no tuvo valor para quedarse sola, y dentro de un mes le fue a acompañar al camposanto.

Increíble es el gusto que yo tuve al verme libre de ese par de viejos regañones, que aunque es verdad que me querían mucho, y jamás se oponían a mis ideas, sin embargo no sé qué contrapeso me hacían con su encierro y caras arrugadas. Es verdad que algunas malas lenguas dijeron que yo los había matado a pesadumbres; pero fue una calumnia de gente maliciosa, pues yo siempre he sido hombre de bien, como habéis visto y seguiréis viendo en el discurso de mi vida.

Algunas alhajitas, ropa y muebles me dejaron mis padres, y como cosa de quinientos pesos en moneda corriente, lo que jamás agradecí, pues no teniendo arbitrio para llevárselo, era preciso que se lo dejaran a su buen hijo.

Luego que pasaron los nueve días, se convirtió mi casa en una Arcadia. Todos mis amigos y mis parientes los catrines me visitaban a porfía; los almuerzos y juegos eran frecuentes; las tertulias eran la diversión favorita de todas las noches: a ellas concurrían mis camaradas así militares como paisanos, y un enjambre de muchachas corrientes y marciales, de las cuales las más eran de título, aunque no de Castilla; pero en fin, cantaban, bailaban y nos divertían a nuestro antojo.

Se deja entender que yo erogaba los más de los gastos ordinarios; y aunque veía que se me arrancaba por la posta,[72] no se me daba cuidado, porque mis amigos decían que yo era muy liberal y generoso, que lo que me faltaba era dinero; pero que tenía unas partidas excelentes.

En medio de estas alabanzas se me arrancó de cuajo, y por la friolera de cuatro o cinco meses que debía de arrendamiento, se presentó el casero al coronel, y logró que le desocupara la casa, con lo que cesó de una vez la diversión.

Un golorín y un baúl viejo fueron los únicos muebles que saqué, porque los demás, que eran pocos y malos, se quedaron por la deuda. Yo me refugié a la casa de Taravilla, que era una viviendita en casa de vecindad.

Desde esta época comenzaron mis trabajos, porque ni él ni yo teníamos blanca. El pan de cada día era lo que menos trabajo nos costaba buscar, porque teníamos muchas visitas, y en unas almorzábamos, en otras comíamos, y cenábamos en otras, tomando café algunas veces con los amigos; pero el lujo necesario a nuestra clase y que no podíamos sostener, nos era el tormento más insoportable, especialmente para mí que no contaba sino con once pesos de sueldo, que no alcanzaba con ellos ni para botas.

En medio de esta consternación vi en un balcón a una muchacha como de diecinueve años, flaca, descolorida, con dos dientes menos, de nariz roma, y con una verruga junto al ojo izquierdo del tamaño de un garbanzo grande.

Como estaba muy decente y en una gran casa, la saludé por ver lo

72 *Por la posta*: coloq. Con prisa o velocidad.

que salía, y ella me correspondió con agrado.

No me fue su cariño muy lisonjero por su mala figura; pero contándole a mi compañero el lance, me dijo: ya tomarás el que esa muchacha te quisiera: tu felicidad en ese caso sería bien segura; porque esa fea es hija de don Abundo, viejo muy rico, y desde que nació la está dotando su padre con mil pesos anuales, de manera que tiene tantos miles cuantos años. Ya te apetecieras que se casara contigo aunque tuviera cincuenta años, pues llevaría a tu lado cincuenta mil pesos. Sin embargo, diecinueve o veinte mil no son tercios de paja;[73] y así tírale seguido, y no seas bobo.

Animado yo con tan favorables noticias, me dediqué a cortejarla sin recelo. Mis paseos por su calle eran frecuentes, y ella siempre correspondía mis salutaciones con agrado.

Llegué a escribirla, y también me escribió: tal cual vez le envié con una criada unas naranjas, un pañuelo de uvas y otros regalos semejantes, porque no podía hacerlos mejores: ella los admitía con cariño y me los correspondía con liberalidad. Una ocasión me envió un bulto de estopilla,[74] y otra una caja de polvos de oro.

Semejante proceder me enamoraba más cada día, y ya contaba yo con la polla en el plato.[75] Es cierto que su mal cuerpo y peor cara me eran repugnantes; pero, ¿qué no se debe disimular –decía yo a mi casaca–, por veinte mil duros? Con mil o dos mil pesos dándole cuanto gusto quiera, la entierro en un año, y me quedan libres dieciocho.

Con este pensamiento le traté de boda, y ella me dijo que estaba corriente;[76] pero que hablara a su padre sobre ello por medio de una persona de respeto.

Demasiado conocimiento tenía yo de mi mérito para valerme de embajadores que echaran a perder mi negocio; y así yo mismo fui a su casa, y cara a cara le dije a su padre mis santas intenciones.

El perro viejo me oyó con harta calma, y me dijo: amigo, es verdad que yo le agradezco a usted mucho que ame a mi hija con el extremo que me ha pintado; pero ya la ha visto bien, es feisita; y si yo que soy su padre lo conozco, ¿cómo usted no lo ha de conocer?

La naturaleza le negó sus gracias, pero la fortuna la ha dotado de

73 *Tercio de paja*: Cosa sin importancia o valor.

74 *Estopilla:* Parte que queda en el rastrillo cuando se peina el lino o el cáñamo.

75 *Polla*: coloq. Mujer joven.

76 *Estar corriente*: que no se opone, aceptar.

bienes. Algunos pesos tiene para subsistir sin casarse, y aun para hacerse tolerable a un buen marido, si fuere su vocación el matrimonio.

Si está de Dios que usted lo sea, lo será sin duda alguna; pero es menester que no sea muy pronto; sino que ambos dejen pasar algún más tiempo para examinar bien su vocación.

Con esas palabritas me despidió el viejo, diciéndome que volviese al fin de un mes, a saber qué había pensado su hija. Yo me desesperé; pero me fue preciso condescender.

Entre tanto, supe que se informó despacio de quién era yo, y cuál mi conducta, la que no le acomodó, porque cuando volví a verlo, me recibió con desagrado, y redondamente me dijo que no daría a su hija a ningún hombre de mis circunstancias, porque no pensaba en hacerla infeliz.

Me incomodé bastante con tan agria respuesta, no debida a un caballero de mis prendas; propuse vengarme de don Abundo hurtándole la hija. Propuse a ésta la fuga; la admitió; concertamos el plan, y en la noche destinada para el robo me entré a la casa, me metí dentro de un coche que estaba en el patio, y envié a avisar a Sinforosa, que así se llamaba la chata.

A pocos minutos bajó ella con un baulito de alhajas y dinero, al que sólo tuve el gusto de tomarle el peso. Ya estaba conmigo en el coche, esperando la mejor coyuntura para marcharnos, cuando he aquí que sin saber cómo, se nos presenta el maldito viejo con una pistola en una mano, acompañado de un dependiente que llevaba un farol con harta luz.

Cada uno tomó un estribo del coche: el viejo miró a su hija con ojos de serpiente pisada, y le dijo al cajero: llévese usted a esta loca allá arriba, y haga !o que le he mandado. Al punto bajó la triste chata llorando y se fue con el dependiente.

Luego que el viejo se quedó solo conmigo me dijo: salga de ahí el pícaro seductor; vaya, salga.

Yo no tenía ni tantitas ganas de salir: no sé dónde se me escondieron mis bríos. El diablo del viejo conoció mis pocas ganas de reñir, y aprovechándose de lo que le pareció temor, me afianzó del pañuelo, me dio dos o tres estrujones, me arrancó de la almohada, y me hizo salir del coche a gatas y todo desaliñado.

Yo, al verme maltratado de un viejo como aquél, quise echar mano a mi espada; pero ¡qué fuerzas tenía el achicharronado[77] señor!, apenas lo advirtió, cuando me dio tan soberbio tirón que me arrojó a sus pies contra mi voluntad. Entonces le dije: advierta usted, amigo, que no me trate tan mal, porque yo soy un señor cadete que ya huelo a abanderado, soy a más de esto el caballero don Catrín, hombre noble y muy ilustre por todos mis cuatro lados; y si ahora respeto sus canas, mañana revolveré mis ejecutorias[78] y mis árboles genealógicos, y verá usted quién soy, y que lo puedo perder con más facilidad que un albur a la puerta.[79]

Algo se intimidó el perro viejo, si no es que me dejó porque se cansó de darme de patadas. Lo cierto es que me soltó diciéndome: Váyase enhoramala el tuno,[80] bribonazo, sinvergüenza; qué caballero ha de ser ni qué talega.[81] Si fuera noble, no obraría con vileza, pero ya me dijo quién es; sí, don Catrín, ya, ya sé quiénes son los Catrines. Márchese de aquí, quítese de mi vista antes que le exprima esta pistola.

Yo, por evitar cuestiones, me salí, y a mi compañero no le quise contar un lance tan vergonzoso, porque no había de creer que mi poco enojo había sido efecto de mi gran prudencia, sino de mucha cobardía, y era muy regular que se espantara al ver que quien no había temido a Tremendo con su espada, temiera a un viejo chocho[82] despreciable.

Sin embargo de mi silencio, yo en mi interior juré vengarme de él y llevar, en caso necesario, una compañía de granaderos para el efecto.

Tales eran mis intenciones aun al día siguiente; pero como muchas se frustran, se frustraron las mías en un instante.

A las ocho de la mañana, hora en que aún no pensaba levantarme de la cama, tocó la puerta un soldado de ordenanza, le abrió mi compañero, entró, y me dijo que el coronel me esperaba dentro de media hora.

Yo, creyendo que me quería hacer saber mi nuevo ascenso de alférez, me vestí muy contento y fui a verlo.

---

77 *Achicharronado*: Seco y tostado como chicharrón. Fig. viejo.

78 *Ejecutoria:* Título o diploma en el que se deja constancia de la nobleza o hidalguía de una persona o familia.

79 *Puerta*: Primera carta que saca el banquero en el juego del monte.

80 *Tuno*: Pícaro, tunante.

81 *Ni qué talega*: Expresión equivalente a decir: «Ni qué mentira.»

82 *Chocho*: que chochea. Viejo.

Me recibió con una cara de vinagre y me dijo: ¿qué, usted ha pensado que el ser militar es lo mismo que ser un pícaro declarado, sin freno, sin ley y sin rey? Ya no puedo sufrir las repetidas quejas que me dan de su mala conducta; y tengo hechas con usted cuantas diligencias me ha dictado mi obligación.

Todo ha sido en vano: usted lejos de reformarse, de asistir a las academias y asambleas, de separarse de los malos amigos y de portarse como un oficial de honor, no ha hecho sino abusar de mi prudencia, escandalizar a los buenos, exceder en tunante a los malos, y mañana me pervertirá a los más arreglados.

Bien se acuerda usted del pasaje de anoche: no quiero referírselo, porque yo mismo me avergüenzo; pero tampoco quiero que permanezca en mi regimiento un bicho tan insolente y atrevido como usted; y así dentro de tres días solicite su licencia absoluta; y si no lo hace, se expone a un bochorno y a salir del regimiento con todo deshonor. Conque haga usted lo que quiera, y vaya con Dios.

Diciendo esto, tomó su sombrero y su bastón, y se marchó para la calle, dejándome con la palabra en la boca.

Lleno de confusión me salí de su casa, y me fui para la mía. Consulté mis cuidados con mis amigos, y todos me aconsejaron que pidiera mi licencia; si no el coronel me desairaría, y me cogería a cargo hasta echarme conforme a ordenanza, por vicioso e incorregible.

Me fue muy pesado allanarme a tomar este consejo; pero conociendo que si quería me salía del regimiento, y si no me echaban, adopté el partido de salirme antes que otra cosa sucediera.

Con esta determinación solicité mi licencia, la que se me facilitó muy pronto, y cátenme ustedes de paisano; transformación que no me agradaba ni tantito; pero ya no había más remedio que conformarme con mi suerte, y continuar mi carrera según se proporcionara.

Así lo hice, y así lo veréis en el discurso de esta grande, sublime y verdadera historia.

Capítulo 6

En el que se verá cómo empezó a perseguirlo la fortuna, y los arbitrios que se dió para burlarse de ella

Apenas me quedé en el aire, sin ser letrado, militar, comerciante, labrador, artesano ni cosa que lo valiera, sino de paisano mondo y lirondo, cuando me volvieron la espalda mis antiguos camaradas los oficiales.

Ninguno de ellos me hacía el menor aprecio, y aun se desdeñaban de saludarme. Tal vez sería porque estaba sin blanca, pues en esos días mi traje no era indecente, porque con lo que saqué de mi uniforme que vendí, compré en el Parián[83] un fraquecillo azul, un sombrero redondo, un par de botas remontadas, un reloj en veinte reales, una cadena de la última moda en seis pesos, una cañita y un pañuelo.

Aún tenía un par de camisas, dos pantalones, dos chalecos y dos pañuelos blancos, con lo que me presentaba con decencia.

Mi camarada Taravilla me despidió políticamente de su casa, diciéndome que no era honor suyo tenerme a su lado después de lo que se hablaba de mí, y hemos de estar en que él era quien hablaba más que nadie; pero añadió: Ya ves, hermano, que el coronel te tiene en mal concepto, y si sabe que vives conmigo, dirá que yo soy lo mismo que tú; me traerá entre ojos y se me dificultarán mis ascensos. Conque múdate, tata,[84] y múdate de hoy a mañana.

Yo que tengo bastante talento para conocer todas las cosas, conocí que él temía perder la poca gracia que tenía con el coronel. Juzgué que le sobraba razón, y tomé un cuartito que me ganaba doce reales

83 *El Parián*: La palabra «parián» significa «mercado», voz filipina aplicada en Manila al sitio donde se vendían objetos importados de Europa y Nueva España. Lizardi se refiere al Mercado de México situado en la Plaza de Armas. Estuvo en funcionamiento desde 1696, se incendió en 1829 y continuó abierto hasta 1843 cuando Santa Anna ordenó su demolición.

84 *Tata*: Padre. Tratamiento cariñoso.

en la calle de Mesones.[85] Mudé en un viaje todos mis muebles, y me despedí de Taravilla.

Solo yo en mi casa, con suficiente ropa y decencia, estaba muy contento, cuando me acordé que no tenía ni para desayunarme al día siguiente. En esta consternación recurrí a mis antiguos arbitrios: me fui a un café, me senté en una silla, llegó un mozo a preguntarme qué tomaba. Le dije que nada hasta que llegara un amigo que estaba esperando.

En efecto, el primero que llegó fue mi amigo, porque lo comencé a adular tan seguido y con tanta gracia, que él, pagado de ella, me ofreció café, y yo admití sin hacerme rogar.

A seguida[86] le conté mil mentiras, asegurándole que entre mis trabajos lo más que sentía era tener una hermana joven y bien parecida, a la que estaba en obligación de sostener mientras se ganaba cierta herencia que le pertenecía, pues a más de ser su hermano era su apoderado; pero que por fortuna ya el negocio presentaba buen semblante, según decía nuestro abogado, y sería cosa de que dentro de dos meses nos entregarían lo menos seis mil pesos. En este caso, decía yo al nuevo amigo, pagaré algunos piquillos que debo, y procuraré casar a mi hermana con algún hombre de bien, aunque sea pobre, con tal que su sangre sea tan buena como la mía; porque ya usted sabe que la generación de los Catrines es tan numerosa como ilustre.

Y como que sí es –contestó el amigo–: yo por dicha mía soy de la misma raza, y me glorío tanto de serlo, que no me cambio por el más noble señor del mundo entero.

Entonces yo, levantándome de la silla y dándole un estrechísimo abrazo, le dije: celebro esta ocasión que me ha proporcionado conocer un nuevo pariente.

Yo soy quien gano en ello, señor mío, me respondió, y me dio mil parabienes, ofreciéndome todos sus arbitrios y persona: me juró que su amistad sería eterna; pero que me rogaba que lo tratara con toda satisfacción, pues él la tenía en ser un legítimo catrín, deudo, amigo y compañero mío.

No contento con prodigarme tantas expresiones cariñosas, hizo llevar aguardiente, y no poco. Bebimos alegremente; y luego que el

85 *Calle de Mesones*: Calle de la Ciudad de México que va de Correo Mayor a Pino Suárez y que es paso obligado para ir rumbo a La Merced.

86 *A seguida*: En seguida.

áspero licor envió sus ligeros espíritus a la cabeza, comenzó a contarme la historia de su vida con tanta ingenuidad y sencillez que en breve conocí que era un caballero ilustre, rico, útil a la sociedad, de una conducta irreprensible ...; en fin, ni más ni menos como yo, y como *pares cum paribus facile congregantur*, o cada oveja con su pareja,[87] para que ustedes lo entiendan, luego que yo supe quién era y tan a raíz, lo confirmé en mi amistad, y le dije que pondría en sus manos todos mis asuntos.

Él manifestó su gratitud con otro medio cuartillo del rebajado, y desde el primer nuevo brindis nos tratamos de *tú*, con lo que se acabó de asegurar nuestra amistad.

A este tiempo entraron cuatro o cinco caballeritos de fraques, esclavinas y ridículos, unos muy decentes, y otros decentes sin el muy.

Saludaron todos a Simplicio, que así se llamaba mi nuevo amigo, y lo saludaron con bastante confianza y a mí con mucho cumplimiento: se sentaron con nosotros, bebieron de nuestros vasos, y en un momento supe que todos eran mis parientes.

Yo manifesté mi alegría al ver cuan dilatada era mi generación, pues en todas partes encontraba catrines tan buenos como yo.

En aquel momento quedamos todos amigos. Uno de ellos, sin ninguna ceremonia, dijo a Simplicio: vaya hermano, haz que nos traigan de almorzar, pues tú estás de vuelta y nosotros arrancados. Hoy por mí, y mañana por ti.

Simplicio era franco, tenía dinero, y así no fue menester segunda instancia. Mandó llevar el almuerzo, y habilitamos nuestros estómagos a satisfacción, especialmente yo, que almorcé a lo desconfiado,[88] por si no hallaba donde comer al mediodía.

Luego que se acabó el almuerzo, se despidieron los amigos, y Simplicio me dijo que quería conocer a mi hermana, que le llevara a casa, si es que lo había figurado hombre de bien y digno de ser su amigo.

Aquí fueron mis apuraciones, porque yo no tenía hermana ni cosa que se le pareciera. No tuve más arbitrio para excusarme sino decirle que me parecía muy bien su deseo, y desde luego lo cumpliera si no hubiera yo tomado tanto aguardiente, pues mi hermana vivía conmigo y una tía muy escrupulosa, que si me olía me echaría tan

---

87 *Pares cum paribus facillime congregantur*. Iguales con iguales se asocian fácilmente. Lizardi usa *facile* en lugar de *facillime*. El mismo proverbio aparece en *El Periquillo* traducido como «cada oveja ama su pareja.»

88 *A lo desconfiado*: Mucho.

gran regaño que me haría incomodar demasiado, y al mismo tiempo juzgaría que el nuevo amigo tenía la culpa y era un pícaro que se andaba embriagando por las calles, enseñando a borracho a su sobrino; y así que mejor sería que fuera a conocer a mi hermana al día siguiente. Simplicio se convino de buena gana, pues ya le parecía que mi hermana era muy bonita, que ganaba el pleito, se casaba con ella, y tenía tres o cuatro mil pesos que tirar.

Yo advertí lo bien que me había salido mi arbitrio, traté de llevarlo adelante y aprovecharme de él.

Desde luego le dije que por haberme estado en su amable compañía había perdido la mañana, y no tenía nada que llevar a mi casa, que me prestara un par de pesos sobre mi reloj. Quita allá me dijo: ¿yo había de recibir ninguna prenda a un amigo, a un deudo y compañero que tanto estimo? Toma los dos pesos, y mira si se te ofrece otra cosa.

Embolsé mis dos duros muy contento, lo cité para la mañana siguiente en el mismo café, y nos despedimos.

No quise comer por no descabalar mis dos pesos; pero por pasar el rato me fui a un billar, donde por fortuna mía estaba un chanfla[89] con quien jugué y le gané cinco pesos.

A las cuatro de la tarde me salí a buscar entre mis antiguas conocidas alguna muchacha que quisiera ser mi hermana, y alguna vieja que desempeñara el papel de tía.

En vano recorrí mis guaridas: ninguna de mis amigas quiso hacerme el favor, por más que yo les pintaba pajaritos.[90] Todas temían que yo les quería jugar alguna burla.

Cansado de andar, y desesperado de salir con bien de la empresa, determiné irme a tomar chocolate, como lo hice.

Estaba yo tomándolo, cuando entró una muchacha, no indecente ni de malos bigotes,[91] acompañada de una vieja. Se sentaron en la mesita donde yo estaba. Me saludaron con mucha cortesía. Les mandé llevar cuanto pidieron, y de todo ello resultó lo que yo deseaba: la joven se comprometió a ser mi hermana, y la viejecita, mi tía.

Ya se deja entender que eran unas señoras timoratas, y no podían sospechar de un caballero como yo que abusara de tan estrecho pa-

89 *Chanfla*: Torpe.

90 *Pintar pajaritos*: Decir mentiras, engalanándolas desmedidamente.

91 *De malos bigotes*: De mala fisonomía o apariencia.

rentesco, y así no tuvieron embarazo para ofertarme su casa, y yo quise honrarme con su buena compañía.

Quisieron ir al Coliseo;[92] las llevé, y concluida la comedia, fuimos a cenar y después a su casa.

Innumerables sujetos las saludaron en la calle, en el teatro y en la fonda con demasiada confianza, y yo me lisonjeaba de haberme encontrado con una hermana tan bonita y tan bien quista.[93]

Llegamos al fin a su casa, y no me hizo fuerza que ésta fuera una triste accesoria, ni que los muebles se redujeran a un canapé destripado, a un medio petate,[94] una memela[95] o colchoncillo sucio, y un braserito de barro en el que estaba de medio lado una ollita con frijoles[96] quemados.

Ya sabía yo que esta clase de señoritas, por más lujosas que se presenten, no tienen, casi siempre, mejores casas ni ajuares.

Yo entré muy contento, y la buena de mi tía no permitió que durmiera en el canapé, porque tenía muchas chinches; y así, quise que no quise, acompañé a mi hermana porque no me tuvieran por grosero y poco civilizado.

En esa noche la instruí en el papel que debíamos todos representar con Simplicio, y al día siguiente las mudé a mi casa, después de haber pagado catorce reales que adeudaban de arrendamiento de la que tenían.

Luego que las dejé en mi cuarto, marché a buscar a mi querido amigo, a quien hallé desesperado de mi tardanza.

Tomamos café, y nos fuimos a casa, en donde fue Simplicio muy bien recibido de mi afligida hermana, quien le contó tantas bonanzas futuras y miserias presentes, que excitando su compasión y su avaricia, por primera visita le dejó cinco pesos, y se fue.

Ella quedó enamoradísima de la liberalidad de Simplicio, y éste lo mismo de la hermosura de Laura, que así se llamaba mi hermana.

A la tarde volvió Simplicio, y de bueno a bueno trataron de casarse luego que se ganara el pleito. Con esta confianza comenzaron a tra-

---

92 *Coliseo*: Se refiere al Coliseo Nuevo, teatro principal de México. Se inauguró en 1753. También se lo conoce como Teatro de México y Teatro Principal. Se incendió en 1931.

93 *Quista*: adj. Querida.

94 *Petate*: Méx. Estera.

95 *Memela:* Méx. Tortilla de maíz grande y delgada. Utilizado metafóricamente como colchón.

96 *Frijoles:* Méx. Porotos.

tarse como marido y mujer, lo que no nos pareció mal ni a mí ni a la tía, pues no advertíamos la más mínima malicia en que retozaran, salieran a pasear y se divirtieran; al fin eran muchachos. Simplicio costeaba el gasto, y a todos nos granjeaba el pobrecito.

Dos meses, poco más, me pasé una vida que me la podía haber envidiado el rico más flojo y regalón, porque comía bien, dormía hasta las quinientas, no trabajaba en nada, que era lo mejor, tenía tía que me atendiera, y hermana bonita que me chiqueara[97] al pensamiento.

A más de esto, iba al café, no me faltaban cuatro reales en la bolsa, y me aprovechaba de los casi nuevos desechos de Simplicio; porque éste, a más de que era liberal, y estaba muy apasionado por Laura, era hijo de una madre con algunas proporciones, y tan amante como la mía, y le daba gusto en todo.

Laura, ya se deja entender, que no se descuidaba de su negocio, ni tampoco la respetable tía. Todos estábamos contentos, y no muy mal habilitados de ropa; mas, ¡oh lenguas malditas y descomunales! Simplicio contó cuanto le pasaba con su futura novia a Pedro Sagaz, amigo y pariente mío; y este malvado, deseoso de conocer a mi hermana, le rogó que le llevara a su casa, cuando yo no estuviera con ella.

Así lo hizo el tonto de Simplicio; pero apenas conoció Sagaz a Laura, cuando le dijo: hombre tonto, salvaje, majadero, ¿de qué te sirve ser catrín, o marcial, tuno, corriente y veterano? Ésta es una cuzquilla[98] conocida y común, hija del difunto maestro Simón, que tenía su barbería o raspaduría en la plaza del Volador.[99] En su vida pensó en ser parienta de Catrín, y mucho menos de tener pleitos por dinero que no ha conocido sino ahora con sus comercios.

Catrín es un bribón, y se ha valido de estas perras para estafarte, y si te descuidas, entre los tres te dejan sin camisa.

Al oír Simplicio semejante denuncia, que calificó de verdadero el silencio de Laura y de la vieja, se irritó tanto, que las arrebató, les dio una buena entrada de golpes, y no contento con esto salió a la calle amenazándolas con la cárcel.

Las pobres temieron las resultas; se mudaron en el instante, llevándose sus muebles, pero habiendo tenido la heroicidad de dejarme los míos; bien que estaban tales que ni para robados servían.

---

97 *Chiquear*: Méx. Mimar, acariciar con exceso, consentir.

98 *Cuzquilla*: diminuto de cuzco, perro pequeño. Alude a una mujer de procedencia callejera.

99 *Plaza del Volador*: Plaza ubicada al sur del Palacio Nacional.

Me dejaron noticia de todo lo acaecido, la llave del cuarto, y se mudaron en un viaje.

Apenas se habían ido, entré yo, me hallé con la novedad, porque la casera me impuso[100] de todo muy bien; y yo temiendo no pagaran justos por pecadores, satisfice lo que debía de renta, llamé un cargador, y me mudé también al primer cuarto que encontré.

De esta manera concluyeron nuestros felices días, y desde que me vi sin hermana, ni tía ni amigo, comenzaron de nuevo mis trabajos.

Como el hambre me apretaba, cuando no hallaba donde echarme de huérfano a beber chocolate, comer, etc., tenía que valerme de los trapillos que me había dado Simplicio. ¡Válgame Dios, y lo que me hacían desesperar los tenderos con sus cicaterías[101] y mezquindades! Sobre lo que valía diez pesos me prestaban doce reales con mil pujidos,[102] y esto era cuando les daba la gana, que cuando no estaban para el paso, me quedaba con mi necesidad y con mí prenda.

En éstas y las otras, como era fuerza comer por mis arbitrios así que no hallaba donde me hicieran favor, me quedé en cueros en dos por tres; y conozco que si yo mismo hubiera hecho mis diligencias de empeñar y vender mis cosillas, algo más hubiera aprovechado; pero esto no podía ser. ¿Cómo un don Catrín de la Fachenda había de empeñar ni vender nada suyo y por su propia mano? Semejante conducta habría ajado mi honor, y malquistádome en todo mi linaje.

Forzoso era valerme de otras gentes ruines para estas diligencias: ¿y qué sucedió? Que por lo que daban seis, me decían que no pasaban de cuatro. Otros se iban con el trapo para siempre; otros recargaban las prendas; otros empeñaban mi ropa, y yo no sabía dónde. Ello es que en pocos días, como he dicho, me quedé peor que cuando encontré a Simplicio; de la noche a la mañana no tuve necesidad de lavandera, porque no tenía camisa. Éstas sí que fueron ansias para un caballero como yo.

Afligidísimo al verme con un fraquecillo raído y con los codos remendados, un pantalón de coleta[103] desteñida, un chaleco roto, pero de cotonía[104] acolchada, un sombrero mugriento y achilaquilado,[105]

---

100 *Imponer*: Poner al corriente, instruir.

101 *Cicatería*: Acción propia de un cicatero, mezquino, que escatima lo que debe dar.

102 *Pujido*: Lamento, quejido.

103 *Coleta*: Lienzo.

104 *Cotonía*: Tela blanca rústica y fuerte de lino o cáñamo.

105 *Achilaquilado*: Rotoso, semejante a los «chilaquiles», plato mexicano elaborado con trozos rotos de tortilla.

unas botas remontadas, tan viejas que al andar se apartaban las suelas como las quijadas de un lagarto, y nada más. Consternado, digo, por esto y por no tener qué comer, ni casa que visitar, pues los trapientos[106] no caben en ninguna parte, me valí de mi talento. Pensé en aprovecharme de los consejos y ejemplos de mis amigos, y emprendí ser jugador, porque el asunto era hallar un medio de comer, beber, vestir, pasear y tener dinero sin trabajar en nada, pues eso de trabajar se queda para la gente ordinaria. El juego podía proporcionarme todo a un tiempo, y así no había sino abrazar este partido.

Lo puse por obra, y las resultas las he de decir, pero en capítulo separado.

106 *Trapiento*: vestido con trapos o harapos.

Capítulo 7

Emprende ser jugador, y lances que se le ofrecen en la carrera

Ya sabéis, queridos compañeros, que en esta triste vida se encadenan los bienes y los males de modo que los unos relevan a los otros, y no hay quien sea constantemente feliz ni constantemente desgraciado.

En esta época advertí por mí propio esta nueva, útil y apretada máxima, o lo que sea. Resolví ser jugador; pero, aquí de Dios, ¿con qué principal, si no tenía un real ni quien me fiara un saco de alacranes? Sin embargo, no me desanimé: fuime a la primera casa de juego que se me proporcionó. Me paré tras de la silla del montero, que no era muy vivo; de cuando en cuando me agachaba, como que me iba a poner bien las botas, y en una de éstas le vi a la puerta el rey del albur.

Entonces avisé o *di codazo* a uno que estaba cerca de mí; tuve la fortuna de que me creyera; puso todo el dinero que tenía, y todo el que le prestaron, y le llevó al pobre montero como doscientos pesos. Me dio con disimulo seis; me ingenié con ellos, y tuve la felicidad de juntarme esa tarde con sesenta pesos. Es verdad que esto fue con su pedazo de diligencia y algo de buena regla que se asentó.

Inmediatamente me fui al Parián, y compré dos camisas de coco, un frac muy razonable y todo lo necesario para el adorno de mi persona, sin olvidárseme el reloj, la varita, el tocador, los peines, la pomada, el anteojo y los guantes, pues todo esto hace gran falta a los caballeros de mi clase. Le di una galita[107] a un corredor para que me los llevara a casa; y en la tarde me vestí, peiné y perfumé como debía,

107 *Galita:* Diminutivo de gala, propina.

y con quince pesos que me sobraron salí para la calle. Entré a tomar café, y el primero a quien encontré fue a Simplicio, que admirado de mi repentina decencia, no solamente no me reconvino sobre lo pasado, sino que con mucho agrado me preguntó cuál había sido el origen de mi felicidad.

—Se ha ganado el pleito de mi hermana, le contesté bastante serio.

—¿De tu hermana?

—Sí señor, de mi hermana, de aquella mujer infeliz que tuvo la desgracia de haberte amado...

—Pero si Sagaz...

—Sí, Sagaz es un gran pícaro: se vio despreciado de ella, y se vengó llenando tu cabeza de chismes... No hablemos más de esto, que me electrizo.

Entonces Simplicio me dio mil satisfacciones, me preguntó dónde vivía, y yo le dije que en su hacienda mientras se disponían sus bodas.

—¿Cómo sus bodas? –preguntó Simplicio muy espantado; y yo le seguí engañando muy bien, hasta que lo creyó redondamente.

—Maldito sea Sagaz –decía lleno de rabia–; él me ha robado mi felicidad para siempre.

Por poco suelto la carcajada al ver la facilidad con que me había burlado de aquel simple, a quien obsequié con café; y al pagar hice cuanto ruido pude con mis quince pesos. Finalmente nos despedimos. Él se fue al Coliseo, y yo al juego.

Algunos días la pasé bien a favor de Birján[108] y de sus libros, pues como me veían decente, pensaban que tenía mucho que perder, y por esta honestísima razón me daban el mejor lugar en cualquier mesa; pero yo no pasaba de lo que llaman amanezquero.[109] Apenas afianzaba dos o tres pesos, los rehundía,[110] sacaba mi puro, y me lo iba a chupar a la calle.

Ya se sabe que la fortuna se cansa de sernos favorable largo tiempo, y así a nadie le hará fuerza saber que a los quince días se me arrancó, y volvieron mis trabajos con más fuerza.

Como ya me conocían que era un pobre, disminuyeron los tahúres

---

108 *Birján*: Vilhan. Se refiere al inventor de los naipes que pasó a ser símbolo de los jugadores.

109 *Amanezquero*: El que no tiene oficio y saca lo necesario para pasar el día mediante malas artes.

110 *Rehundir*: Volver a gastar sin provecho ni medida.

111 *Droga*: Embuste, ardid, engaño.

sus aprecios. La miseria me obligó a hacer algunas drogas,[111] y en algunos lances de éstos tuve que sufrir y dar algunos golpes por sostener el honor de mi palabra; y así anduve de malas algún tiempo, hasta que para coronar la obra me sorprendió la justicia una noche, y tuve el honor de ir a la cárcel por primera vez.

Como no tenía dinero para pagar la multa, fue preciso tolerar la prisión, en la que por comer me quedé casi desnudo y no muy sano de salud.

Salí por fin, y tuve la dicha de encontrar un amigo a quien había yo servido en sus amores, y al verme en tal estado, se compadeció de mí, y me proporcionó que fuera yo su gurupié,[112] ganando dos pesos diarios.

El cielo vi abierto, pues bien sabía cuan excelentes conveniencias son éstas; y yo le hubiera servido no digo por dos pesos, sino por dos reales, pues en no siendo tonto el gurupié, gana lo que quiere, como yo lo ganaba. Un día con otro no me bajaba mi sueldo de diez pesos; porque con la mayor gracia del mundo hacía que me componía la mascada, que se sonaba, que sacaba el reloj, y en cada diligencia de éstas me rehundía un peso o dos. Ello es que yo me planté como un marqués. Me daba un trato de un príncipe, y no había letrado, oficinista ni militar que no envidiase mi destino. Si en los días que me duró esta bonanza no hubiera yo jugado, otro gallo me cantara a la hora de ésta; pero la mitad del dinero utilicé, y la otra mitad perdí.

Sin embargo, aún durara mi dicha si un pícaro barbero de mi patrón no hubiera advertido mi habilidad, y envidioso sin duda se lo avisó. Al principio, según me dijo, no lo quería creer; más instándole el maldito hablador, fue al juego, y sin que yo lo viera, observó bien mis gracias. Se acabó el monte, y me llevó a su casa: se encerró conmigo, me hizo desnudar, cayeron de entre la ropa veinte pesos, porque esa noche me tentó el diablo, y me propasé; no pude negar mi diligencia. Me quebró un bastón en las costillas, y me echó a la calle en paños menores, pues hasta la ropa me quitó el muy mezquino. Como que no era caballero, no sabía respetar a los que lo son desde su cuna, y así me trató como a un villano, y como si yo hubiera cometido algún delito en hacer mi necesaria diligencia.

En fin, yo salí en cueros, y con las costillas bien molidas. Ya en la

---

112 *Gurupié:* Croupier. Ayudante de los jugadores de naipes en los garitos.

esquina de la calle encontré una ronda: me cercaron, y al verme en aquellas trazas me juzgaron ladrón, y ya querían amarrarme; pero como el hombre de talento sabe valerse de él en cualquier caso, especialmente en los adversos, no me acobardé; antes me aproveché de la ronda, pues con aquella serenidad que inspira la inocencia, le dije al alcalde: sólo esto me falta para que me lleve el diablo de una vez. ¿Conque a un caballero como yo se juzga por ladrón, porque se ve desnudo, sin advertir que esta camisa es de estopilla, y los calzoncillos de bretaña superfina, géneros de que no se visten los ladrones, a lo menos los rateros? Mejor fuera que usted y su ronda me acompañaran a mi casa, donde deseo llegar para curarme de los palos que me han dado los verdaderos ladrones que me acaban de dejar en el triste estado en que usted me ve. El alcalde y todos sus compañeros se compadecieron de mí; uno de ellos me prestó una capa, y todos me condujeron a mi casa.

Cuando la casera abrió, di las gracias a la ronda, se despidieron, y me subí a acostar, y a curarme con aguardiente.

Al día siguiente no pude levantarme; pero la pobre vieja casera me llevó una bebida y no sé qué menjurjes, con cuyos auxilios me fue aliviando, hasta que pude ponerme en pie y salir a la calle; aunque ya no quería ir al juego, temeroso de que nadie ignoraba el lance; y si como fueron palos hubieran sido estocadas, no hubiera dejado de ver a mis amigos; porque las estocadas no afrentan a los caballeros, pero los palos sí.

En fin, restablecido de los golpes, y disminuida la vergüenza con el tiempo, sólo sentía que me había vuelto a quedar con un solo vestido, aunque no malo, pues para curarme, comer y pagar el cuarto, fue preciso vender unas cosas, empeñar otras y perderlas todas; pero ya no había de que echar mano, y comer era indispensable, y así volví a recurrir a mis antiguos asilos, esto es, a los cafés, vinaterías, garitos y billares, en pos de mis amigos y parientes, los que no dejaban de socorrerme algunos días.

En uno de éstos tuve un encuentro con un maldito viejo, y por poco me pierdo, como verá el que leyere lo que sigue.

Capítulo 8

Refiere la disputa que tuvo con un viejo acerca de los catrines, y la riña que por esto se ofreció

Para excusar introitos:[113] un día estaba yo en un café esperando algún caritativo conocido que me convidara a almorzar, y cierto que tenía bastantes ganas, porque no me había desayunado, ni cenado la noche anterior; pero por mi mala estrella no se le antojó a ninguno de mis amigos ir allá.

Estaba por salirme, cuando entró un clérigo con un viejo como de sesenta años. Se sentaron en la mesa donde yo estaba. Me saludaron con atención, y yo les correspondí con la misma; hicieron llevar almuerzo, me brindaron, admití, y almorzamos alegres.

Por postre platicaron acerca de la corrupción de las costumbres del siglo. He oído –dijo el eclesiástico– que estos catrines tienen mucha parte en el abandono que vemos.

Los catrines –respondí yo– no puede ser, padre mío; porque los catrines son hombres de bien, hombres decentes, y sobre todo, nobles y caballeros. Ellos honran las sociedades con su presencia, alegran las mesas con sus dichos, divierten las tertulias con sus gracias, edifican a las niñas con su doctrina, enseñan a los idiotas con su erudición, hacen circular el dinero de los avaros con su viveza, aumentan la población en cuanto pueden, sostienen el lustre de sus ascendientes con su conducta, y, por último, donde ellos están no hay tristeza, superstición ni fanatismo, porque son marciales, corrientes y despreocupados.

Delante de un catrín verdadero nada es criminal, nada escandaloso, nada culpable; y en realidad, padre mío, ya ve usted el provecho que debe inducir en cualquier concurrencia un joven de éstos (y más si tiene buena figura) bien presentado, alegre, sabio y nada es-

113 *Introito:* Entrada o principio de un escrito o discurso.

crupuloso. Él no se admira de la trampa que hizo Pedro, de lo usurero que es Juan, de lo embustero que es Antonio, ni de ninguna cosa de esta vida.

Lleno siempre el legítimo catrín de amor hacia sus semejantes, a todos los disculpa, y aun condesciende con su modo de pensar. Al que roba, lo defiende con su necesidad; a la coquetilla, con la miseria humana; al que desacredita a todo el mundo, con que es su genio; al ebrio, con que es alegría; al provocativo, con que es valor, y aun al hereje lo sostiene, alegando la diferencia de opiniones que cada día se aplauden y desprecian. De manera que el catrín verdadero, el que depende de esta noble raza, ni es tan interesable que se dé mala vida por el cielo, ni tan cobarde que se prive de darse buena vida por temor de un infierno que no ha visto; y así sigue las máximas de sus compañeros, y satisface sus pasiones según y como le parece, o como puede, sin espantarse con los sermones de los frailes, que tiene buen cuidado de no oír nunca, ni con los librajos tristes que no lee.

Así es que el catrín se hace un hombre amable dondequiera. Las muchachas le aprecian, los jóvenes le estiman, los viejos le temen y los hipócritas le huyen.

Vea usted, padre mío, cuan útiles son los señores catrines, de quienes tan mal concepto tiene el señor.

Acabé mi arenga, que a mí me pareció divina, y su argumento incontrastable. El clérigo movió la cabeza como quien dice que no: me echó una mirada de furioso, tomó su sombrero, y ya iba a levantarse, cuando el perro viejo le tomó de un brazo, le hizo sentar, y dijo: compadre, días ha que deseaba yo una ocasión como ésta para sacar a usted de la equivocación en que está de creer que todo joven alegre, que todo el que viste al uso del día es catrín. No, señor; ni son todos los que están, ni están todos los que son. El hábito no hace al monje. Ya usted sabe que yo soy viejo; pero no viejo ridículo. Cada cual puede vestirse según su gusto y proporciones, sin merecer por su traje el título de honrado ni de pícaro.

Mozos hay currísimos[114] o pegadísimos a la moda del día, y no por eso son catrines; y otros hay que llama el vulgo rotos[115], o modistas pobretes y sin blanca, que son legítimos catrines. Aprenda usted a distinguirlos, y no hará favor ni agravio a quien no lo merezca.

---

114 *Currísimo*: Superlativo de curro, majo.

115 *Roto:* Se dice de la persona licenciosa en las costumbres y en el modo de vida.

Las costumbres, compadre, la conducta es la única regla por donde debemos conocer y calificar a los hombres. Yo soy capaz de apostar una botella de vino a que el señor es catrín legítimo y que tiene vanidad en serlo.

Es verdad, dije, y no me arrepentiré de haber descendido de tan noble linaje.

Amiguito –contestó el viejo–, la nobleza verdadera consiste en la virtud, y la aparente, en el dinero. ¿Cuántos miles tiene usted?

—Yo, ningunos.

—¡Oh!, pues ríase usted de su nobleza. Ni tiene virtud con qué acreditarla, ni pesos con qué fingirla; pero vamos al caso.

—Compadre, ya conoció usted a un catrín verdadero: ya oyó su erudición, se edificó con el régimen de su conducta, y conocerá que erraba cuando creía que todo el que vestía de moda era catrín. Pero no, amigo mío, no se equivoque usted; oiga lo que son los catrines; mas primero su régimen de vida, poco más o menos.

El catrín se levanta de ocho a nueve; de esta hora hasta las doce va a los cafés a ver si topa otro compañero que le costee el desayuno, almuerzo o comida. De doce a tres de la tarde se va a los juegos a ingeniar del modo que puede, siquiera consiguiendo una peseta. Si la consigue, se da de santos, y a las oraciones vuelve a los cafés. De aquí, con la barriga llena o vacía, se va al juego a la misma diligencia. Si alguna peseta dada trepa, bueno; y si no, se atiene a su honestísimo trabajo para pasar el día siguiente.

Como estos arbitrios no alcanzan sino cuando más para pasar el día, y el todo de los catrines consiste en estar algo decentes, en bailar un vals, en ser aduladores, facetos[116] y necios, aprovechan estas habilidades para estafar a éste, engañar al otro y pegársela al que pueden; y así el santo Parían los habilita de cáscara[117] con qué alucinar a los tontos, o de trapos con qué persuadir a los que creen que el que viste con alguna decencia es hombre de bien; pero, después de todo, el catrín es una paradoja indefinible; porque es caballero sin honor; rico sin renta; pobre sin hambre; enamorado sin dama; valiente sin enemigo; sabio sin libros; cristiano sin religión y tuno a toda prueba.

No pudiendo yo sufrir una definición tan injuriosa a nuestra clase,

116 *Faceto*: Méx. Se dice de aquella persona que quiere ser chistosa pero no lo es. Presuntuoso.

117 *Habilitar de cáscara*: Maquillar el aspecto exterior para engañar o pretender ser lo que no se es.

le disparé al insolente viejo una porción de desvergüenzas. Él me correspondió con otras tantas. Quise deshacerle una silla en la cabeza; metióse de por medio el clérigo (como si yo fuera de estos alucinados que temen a los clérigos y frailes); yo enojado le tiré un silletazo al viejo, y le di al padre: éste se enojó, halló un garrote a mano y me rompió la cabeza. Me volví una furia al ver mi noble sangre derramada por unas manos muertas: salté y arrebaté un sable de uno que estaba cerca de nosotros; pero entonces todos se conjuraron contra mí, apellidándome atrevido y sacrílego, y amenazando mi existencia si no me contenía. Yo, al verme rodeado de tanto idiota, cedí, callé y me senté donde estaba, con lo que se dio fin a la pendencia.

Algunos me aconsejaban que le pidiera perdón al padre, pues lo había injuriado en público y sin razón; pero yo me desentendí, bien satisfecho de que un caballero catrín no debe prostituirse a pedir perdón a nadie.

Así que todos se fueron, hice yo lo mismo, y continué algún tiempo pasando unas crujías[118] intolerables, y envidiando a otros compañeros y parientes que la pasaban mejor que yo.

Algunas noches al acostarme sentía no sé qué ruido en mi corazón, que me asustaba. Parecióme en una de ellas que veía junto a mi mugrienta cama al venerable cura de Jalatlaco, mi amado tío y predicador eterno, y que mirándome ya con ojos compasivos, ya con una vista amenazadora, me decía: desventurado joven, ¿cuándo despertarás de tu letargo criminal? No hay nobleza donde falta la virtud, ni estimación donde no hay buena conducta.

Veintiocho años tienes de edad, todos mal empleados en la carrera de los vicios. Inútil a ti mismo y perjudicial con tu mal ejemplo y pésimas costumbres a la sociedad en que vives, has aspirado siempre a subsistir con lujo y con regalo sin trabajar en nada, ni ser de modo alguno provechoso. ¡Infeliz!, ¿no sabes que por castigo del pecado nace el hombre sujeto a vivir del sudor de su rostro?[119] ¿Ignoras que así como al buey que ara no se debe atar la boca,[120] en frase del Espíritu de la verdad; así San Pablo escribe: que el que no trabaje que no coma?[121]

---

118 *Pasar crujías*: padecer apuros.

119 Génesis, 3, 19.

120 Deuteronomio, 25, 4; 1 Corintios, 9,9; 1 Tim, 5, 18.

121 2a. carta del apóstol san Pablo a los Tesalonicenses 3, 7-12

Es cierto que tú y muchos holgazanes y viciosos como tú, logran sin trabajar comer a expensas ajenas; pero ¿a qué no se exponen?, ¿qué no sufren?, y por último, ¿en qué paran? Ya has experimentado en ti mismo hambres, desnudeces, desprecios, golpes, cárcel y enfermedades. ¡Triste de ti si no te enmiendas! Aún te falta mucho que sufrir; y tu castigo no se limitará a la época presente, pues siendo tu vida desastrada, no puede ser tu muerte de otro modo. Teme esto solo, y si no crees estos avisos, estos gritos de tu conciencia, prepárate a recibir en los infiernos el premio de tu escandaloso proceder.

Asustado con semejante visión, fui al día siguiente a consultar mi cuidado con un amigo de muchísimo talento y de una conducta arreglada, según y como la mía. Éste, luego que me oyó, se tendió de barriga para reírse, y me consoló con los saludables consejos que leeréis en el capítulo que sigue.

Capítulo 9

Escucha y admite unos malditos consejos de un amigo: se hace más libertino, y lo echan con agua caliente de la casa del conde de Tebas

Se echa de ver, Catrín, que eres un necio –me decía mi buen amigo–; sí, eres un alucinado, un novicio en nuestra orden, y un recluta bisoño[122] en nuestras respetables compañías. ¡Vaya, ni digas que eres de la ilustre raza de los catrines, ni que has corrido el mundo en parte alguna! Yo sí, yo sí tengo razón de espantarme al ver tan asustado a un joven que ha sido colegial, militar, jugador y tunante, solo por una aprensión que debe despreciarse por cualquier espíritu fuerte e ilustrado como el nuestro.

El viejo rancio de tu tío te acosó a sermones, y por eso aún crees que te los echa después de muerto. Tú eres un tontonazo, y te espantas como los niños con el coco;[123] pero anímate, amigo, ensánchate; desprecia esas ilusiones del miedo; sábete que los muertos no hablan, y que en tu triste fantasía, agitada por tu miseria, se forman esos espectros de papel.

Mira, Catrín, nuestra vida no es más que un juego; nuestra existencia, corta y sujeta a las molestias, sin que haya reposo ni felicidad más allá de su término; ningún muerto ha vuelto a la tierra a traernos pruebas de la inmortalidad. Nosotros hemos salido de la nada, y volveremos a la nada; nuestro cuerpo se convertirá en ceniza, y nuestro espíritu se perderá en los aires; nuestra vida pasará como una nube, y desaparecerá como el vapor, disuelto por los rayos del sol.[124] Nuestro nombre se borrará de la memoria de los hombres, y ninguno se acordará de nuestras obras. Gocemos de todos los placeres que están

122 *Bisoño*: coloq. Nuevo e inexperto en cualquier arte u oficio.

123 *Coco*. 2da. Acepción. Fantasma con que se asusta a los niños.

124 Libro de la Sabiduría, 2, 3-5; Eclesiastés, 3, 20.

en nuestro poder; sírvanos de bebida el vino más delicado; respiremos el olor de los perfumes; coronémonos de rosas antes que se marchiten; no haya objeto agradable libre de nuestra lujuria, y dejemos por todas partes las señales de nuestra alegría; oprimamos al pobre, despojemos a la viuda, no respetemos las canas de los viejos, sea nuestra fuerza la regla de nuestra justicia, no guardemos los días de fiesta consagrados al Señor, exterminemos en especial al hombre justo, cuyo aspecto nos es insoportable.[c]

Ésas son palabras mayores –le dije–. ¿No ves que siguiendo esas máximas nos haremos aborrecibles a todo el mundo?

¡Qué tonto eres, Catrín, qué bárbaro! –me respondió–. Es verdad que nos detestarán; ¿pero quiénes? Cuatro hipócritas alucinados de estos que se dicen timoratos; mas, en cambio, nos amarán todos nuestros compañeros y compañeras las catrinas, gente moza, útil, alegre y liberal.

Ya se ve, tú eres un pobre aprendiz de la verdadera catrinería, y por eso te escandalizas de cualquier cosa: ¿qué más dijeras si supieras de memoria y practicaras los famosos mandamientos de Maquiavelo? Entonces o te tapabas las orejas, o te decidías a ser un político consumado. Yo desde que los observo, me paso buena vida, tengo muchos amigos y me hacen aprecio en cualquier parte.

Ya me parece que estás rabiando por saberlos: escúchalos para tu felicidad y aprovechamiento.

Decálogo de Maquiavelo [d]

1° En lo exterior trata a todos con agrado, aunque no ames a ninguno.
2° Sé muy liberal en dar honores y títulos a todos, y alaba a cualquiera.
3° Si lograres un buen empleo, sirve en él solo a los poderosos.
4° Aúlla con los lobos. Esto es, acomódate a seguir el carácter del que te convenga, aunque sea en lo más criminal.
5° Si oyeres que alguno miente en favor tuyo, confirma su mentira con la cabeza.
6° Si has hecho algo que no te importe decir, niégalo.
7° Escribe las injurias que te hagan en pedernal, y los beneficios en polvo.
8° A quien trates de engañar, engáñale hasta el fin, pues para nada necesitas su amistad.

---

c [*Nota del autor*] *Tal es el idioma de los impíos descrito en las Sagradas Letras (sap. 2 y Psalm 78); pero los que pensaron de esta manera erraron. Su malicia los cegó.* Se trata de una glosa de distintas citas bíblicas.

d [*Nota del autor*] *Nicolás Maquiavelo, astuto escribano de Florencia, y después un falso político de Francia, escribió a sus sectarios este maldito decálogo, que trae Alberto Magno en el prefacio de su obra titulada Bonus politicus.*

9º Promete mucho, y cumple poco.
10º Sé siempre tu prójimo tú mismo, y no tengas cuidado de los demás.[125]

¿Qué te parece? ¿Te han escandalizado estos preceptos?

No mucho –contesté–, porque aunque dichos sorprenden, practicados se disfrazan. Yo los más los observo con cuidado, y tengo advertido que casi todos nuestros compañeros los guardan al pie de la letra. Mas ahora traigo a la memoria que siendo colegial entré una noche al aposento de mi catedrático, y mientras que salía de su recámara leí en latín ese mismo decálogo en un libro en cuarto, que tenía abierto sobre de su mesa, y al fin decía no sé qué santo Padre: Si *vis ad infernum ingredi, serva haec mandata*: si quieres irte a los infiernos, guarda estos mandamientos. He aquí lo que no me gusta mucho.

Siempre insistes en tu fanatismo –me contestó–. Tontonote, ¿dónde has visto el infierno ni los diablos, para que lo creas tan a puño cerrado? Cumple estos preceptos, sigue mis máximas y verás cómo varía tu suerte.

Supón, sí, te doy de barato que haya tal eternidad, tal infierno, ¿qué se puede perder con que al fin te lleve el diablo? ¿Será el primero que se condena? Pues en tal caso, ya que nos hemos de condenar, que sea a gusto; y si nos lleva el diablo, que sea, como dicen por ahí, en buen caballo, esto es, divirtiéndonos, holgándonos y pasándonos una videta alegre. ¿Habrá mayor satisfacción que entrar al infierno lucios,[126] frescos, ricos, cantando, bailando y rodeados de diez o doce muchachas? Conque anda, Catrín, sigue mis consejos, y ríete de todo como yo.

¿Quién no había de sucumbir a tan solidísimas razones? Desde luego le di muchas gracias a mi sabio amigo, y propuse conformarme con sus saludables consejos; y según mi propósito, desde aquel día comencé a observar exactamente el decálogo, especialmente el cuarto precepto, haciéndome al genio de todos cuantos podían serme útiles; de manera que dentro de pocos días era yo cristiano con los cristianos, calvinista, luterano, arriano,[127] etc., con los de aquellas sectas; ladrón con el ladrón, ebrio con el borracho, jugador con el tahúr, mentiroso

125 Lizardi atribuye falsamente este decálogo a Nicolás Maquiavelo (1469-1527). La relación que a continuación establece en la nota de autor entre Maquiavelo y Alberto Magno (1206-80) es asimismo anacrónica.

126 *Lucio*: medio ciego.

127 Seguidores de las doctrinas heréticas de Calvino, Lucero, Arrio.

con el embustero, impío con el inmoral, y mono con todos. Ya supondréis, amados catrines y compañeros míos, que con semejante conducta me granjeé muchos amigos, a cuya costa pasé muy buenos ratos, como también unas pesadumbres endiabladas; porque así como bebía y comía, y paseaba de balde algunas veces; otras me veía aporreado, encarcelado o fugitivo, sin haber yo tenido la culpa de las riñas, ni prisiones directamente, sino mis amigos. Ya se ve, yo sostenía todos sus caprichos fueran justos o injustos, y con esto sus enemigos me aporreaban como a su compañero, y los jueces me castigaban como a cómplice.

Si hubiera de referiros pormenor todas las aventuras de mi vida, sin duda que se entretendría vuestra atención; pero he ofrecido limitarme a un solo tomo; y así es preciso abreviar, y contraerme a las épocas más memorables. Continuemos.

Como con las lecciones de mi amigo y mentor me ilustré tanto, y me animé a tratar de cualquier materia por encrespada que fuera, una noche fui con un amigo a casa del conde de Tebas (porque los catrines son tan nobles que en todas las casas caben), y allí, después de la tertulia, se pusieron a merendar; y habiendo conversado de diferentes asuntos, vino a caer la conversación sobre la verdad de la religión católica.

Todos los concurrentes eran fanáticos: no había espíritu más fuerte que el mío. Hablaron con mucho respeto del dogma, de la revelación y tradición, y al fin de todo, remataron diciendo que la ilustración de este siglo consiste en el libertinaje, cuyas consecuencias son la corrupción de las costumbres y el error en las verdades más inconcusas.[128]

Hablando de esto –dijo el capellán–, hay una clase de catrines, quiero decir, jóvenes, tal vez bien nacidos y decentes en ropa; pero ociosos, ignorantes, inmorales y fachendas, llenos de vicios, que no contentos con ser pícaros, quisieran que todos fueran como ellos. Estos bribones inducen con sus indignas conversaciones a la gente sencilla e incauta, y la disponen a ser tan malos como ellos.

Apenas oí yo citar a los Catrines de Fachendas, cuyo apellido he tenido la dicha de heredar, cuando volví por su honor y dije: padrecito, modérese usted; los catrines son nobles, cristianos, caballeros

128 *Inconcusa*: Firme, sin duda ni contradicción.

y doctos; saben muy bien lo que hablan; muchos fanáticos los culpan sin motivo.

¿Qué mal hace un catrín en vestir con decencia, sea como fuere, en no trabajar como los plebeyos, en jugar lo suyo o lo ajeno, en enamorar a cuantas puede, en subsistir de cuenta de otros, en holgarse, divertirse, y vivir en los cafés, tertulias y billares? ¿Acaso esto o mucho de esto no lo hacen otros mil, aunque no tengan el honor de ser catrines?

Ahora, ¿por qué se han de calificar de impíos e irreligiosos solo porque jamás se confiesan, porque no respetan a los sacerdotes ni los templos, porque no se arrodillan al Viático[129] ni en el tiempo de la misa, porque no se tocan el sombrero al toque del ave maría,[130] ni por otras frioleras semejantes?

Si se murmura de su poca instrucción, es una maledicencia o declarada envidia: ¿qué más puede saber un caballero catrín que servir a una señorita el cubierto, bailar unas boleras[131] o un vals, barajar un albur, jugar un tresillo,[132] peinarse y componerse, hablar con denuedo y arrogancia sobre cuanto se ofrezca, y hacer otras cosas que no digo porque ustedes no crean que los pondero?

Su utilidad es demasiado conocida en los estrados, en los cafés, fondas, billares, portales y paseos. Conque no hay que hablar tan mal de los catrines, cuando son más ilustrados y provechosos que otros muchos.

Ni qué responder me ha dejado usted, amiguito –dijo el capellán–: usted solo y sin tormento ha confesado quiénes son los catrines, cuáles sus ocupaciones, cuan admirable es su instrucción, y qué digno del aprecio público el fruto de sus tareas.

Por lo que hace a mí –añadió el conde–, yo le estimaré que no vuelva usted a poner un pie en mi casa. Mucho siento que me haya hecho esta única visita, y que nos haya dicho quién es tan sin rebozo.[133] No, no quiero que honren mi mesa semejantes caballeros, que me instruyan tales maestros, ni que me edifiquen tan calificados católicos; y así, pues, se ha concluido la merienda, tome usted su sombrero y déjenos en paz.

---

129 *Viático*: Sacramento de la Eucaristía que se administra al enfermo que está en peligro de muerte.

130 *Toque del Ave María*: Se refiere al rezo del Angelus. Generalmente, cuando las campanas sonaban, los caballeros se quitaban el sombrero en gesto de respeto.

131 *Bolera:* Bolero.

132 *Tresillo*: Juego de cartas que se juega entre tres personas.

133 *Sin rebozo:* Sincera, honestamente.

Todos los concurrentes, luego que oyeron producirse al conde de este modo, fuérase por adularle o por lo que ustedes quieran, comenzaron a maltratarme hasta los criados: casi a empellones me echaron de la sala, y un lacayo maldito por poco me hace rodar las escaleras; y no contentos con hacerme sufrir tales baldones,[134] sin acordarse de la nobleza de mi casa, ya al salir a la calle me echaron una olla de agua hirviendo, con lo que me pusieron cual se deja entender.

Quise subir a que me dieran justa satisfacción de tal agravio; pero me contuvo el verme solo (porque el amigo mío me desamparó y se puso de parte del conde), y advertir que todos estaban irritados. Pensé con prudencia, y me retiré mal bañado, y jurando a fe de caballero vengarme en cuanto tuviera proporción.

Llegué a mi cuarto, dormí como siempre, sequé mi ropa al día siguiente, y me levanté adivinando en dónde y cómo lo pasaría. Era ese día, por cierto, 25 de julio.

Encontré a un amigo, quien me llevó a la fiesta de Santiago acompañado de una señorita de no malos bigotes, y estando almorzando sucedió lo que vais a saber en el capítulo siguiente.

---

134 *Baldón*: Oprobio, injuria o palabra afrentosa.

Capítulo 10

El que está lleno de aventuras

Dios nos libre de una mala hora, como dicen las viejas. Estábamos almorzando con la bonita muchacha, cuando se nos presentó un hombre con el sable desnudo, hecho una furia, quien con una voz tan terrible como el trueno del rayo, dijo: esto quería ver yo, tal, y diciendo y haciendo comenzó a tiramos a los tres tantos cintarazos y cuchilladas que no nos la podíamos acabar. La mujer cayó en el suelo al primer golpe, mi compañero acudió a defenderse con un puñal; yo, sin armas, agarré un plato de mole,[135] y lo derramé en la cabeza del valiente; éste se enfureció más de lo que estaba, y me tiró un tajo con tanto acierto y ganas, que por poco no me deja en el puesto, esto es, difunto; pero me dejó privado, y con la cabeza como una granada.

Yo desperté en el hospital, y supe que quien me había hecho tan buena obra era no menos que marido de la cuzca que llevó mi amigo; que éste fue a la cárcel, ella a un depósito, el marido a pasearse, y yo al hospital en calidad de preso.

Allí pasé lo que solo Dios sabe con los cirujanos, practicantes y enfermeros; puedo jurar que me maltrataron más con la curación que el celoso con las heridas que me hizo. Ya se ve que lo hacían por caridad.[e]

Por fin me dieron por sano, aunque yo no lo aseguraba, según me sentía; pero quise que no, fue preciso salir del hospital para ir a la cárcel, donde me levantaron mil testimonios, pues lo menos que decía el marido era que yo sería el alcahuete, o qué sé yo qué cosa de su mujer.

El escribano quería dinero para defenderme, yo no tenía un real, ni mi amigo tampoco, por lo que se dilató la causa como un mes; pero

135 *Mole*: Guiso de carne de guajolote (pavo) que se prepara con salsa de chile (ají picante).

e [Nota del autor] *Aquí venía muy bien el cuento del barbero y el loco.*

como es verdad que al salvo Dios lo salva, a instancias del marido se continuó el proceso, y resultó en sentencia definitiva que la mujer fuera al convento de San Lucas[136] por cuatro años, a pedimento de parte; el amigo mío y de ella, a un presidio, y yo, a la calle, amonestado de no volverme a meter en pendencias que nada me interesaban.

Salí por fortuna del mesón de la pita;[137] fui a mi casa o pedazo de casa que tenía, y me hallé más pobre, y tanto que no tenía ni para sostener la cascarita o decencia aparente de un catrín.

Antes de esto era infeliz, no lo puedo negar: todos los días tenía que untar mis botas con tinta de zapatero y darles bola con clara de huevo, limón o cebolla; tenía mi fraquecito viejo a quien hacer mil caricias con el cepillo; tenía mi camisa que lavar, tender y planchar con un hueso de mamey; tenía un pantaloncillo de punto, o de puntos, que zurcía con curiosidad con una aguja; tenía una cadena pendiente de un eslabón, que me acreditaba de sujeto de reloj; tenía una tira de muselina, que bien lavada pasaba por un fino pañuelo; tenía un chaleco verdaderamente acolchado de remiendos tan bien pegados que hacían una labor graciosa y exquisita; tenía una cañita ordinaria, pero tan bien manejada por mí, que parecía un fino bejuco de la China; tenía un sombrero muy atento por su naturaleza, pues hacía cortesías a todo el mundo, pero con aguacola[138] le daba yo tal altivez, que no se doblaría al monarca mayor del mundo todo, pues estaba más tieso que pobre recién enriquecido; tenía, en fin, mis guantes, viejos es verdad, pero me cubrían las manos; mi anteojo, mis peines, escobetas, pomadas, espejo, tocador, limpiadientes, y otras semejantes chucherías,[139] y cuando salí de la cárcel, como lo más vendí para comer, no tenía nada.

Ya, amigos catrines, me tenéis reducido a la última miseria. No conocía camisa ni cosas superfluas, y era preciso andar decente para comer de balde, ¿cómo sería esto? Un frac y un pantalón quedaron en mi baúl de tanto lujo, que no se pudo ni empeñar ni vender. A esto poco ..., ¡lo que es la industria de un sabio!, le di tantos millares de puntadas, tantas teñidas y limpiadas, que el baratillero[140] más diestro lo hubiera calificado por nuevo. Mis botas viejas quedaron, a merced

136 *Convento de San Lucas*: Casa de corrección para mujeres situado en el barrio de San Lucas, también conocida con el nombre Casa de Recogidas.

137 *Mesón de la Pita:* la cárcel.

138 *Aguacola*: Mezcla de agua con cola, especie de pegamento.

139 *Chuchería*: Cosa de poco valor.

140 *Baratillero:* Vendedor de baratillo o cosas de poco precio que vende en parajes públicos.

del fierro y de la clara de huevo, tan lustrosas *sicut eran in principio*;[141] el sombrero y chaleco, lo mismo; pero para suplir la camisa no había cosa que lo valiera.

Yo debía comer al otro día, y para comer era menester salir a la calle a buscar a los amigos; de todo estaba prevenido; pero la falta de camisa me consternaba.

En medio de esta aflicción me acordé de que en otro tiempo tuve una camisa sola, y la apellidé camisola. Estaba tan perdida que no tenía sino el cuello y los vuelos u holanes[142] pegados a un pedazo de trapo; mas como era preciso hacer de la necesidad virtud, los corté y compuse según puede. En esto y lo demás se pasó toda la noche.

Al día siguiente ya estaba yo en pelota planchando mis vuelos, cuando se le antojó entrar al casero, y entró porque se le antojó, porque yo había vendido la llave de la puerta, y no tenía con qué cerrarla sino con mi varita, que como era muy débil no pudo resistir el primer empujón del excomulgado casero; entró este maldito, me halló medio desnudo y planchando mi trapillo en un petate; me cobró con imperio de casero, a quien debía cinco pesos dos reales de alquileres; con una mirada hizo balance de mis muebles, me cobró con resolución, yo saqué mis ejecutorias del baúl, y le dije que a los caballeros de mi clase no se les cobraba de ese modo; que era un pícaro, malcriado e insolente; él se irritó con esto, y me dijo que me sonara en mis papeles si no tenía dinero, que el pagar era justo, y que él no entendía de grajas;[143] y así o le daba su dinero, o me mudara en el instante, pues cuando más me dejaría vestir, pero no sacar ni una hilacha, respecto a que con todo lo que veía no se cubría mi deuda.

Es usted un plebeyo –le dije–, un villano, un ruin, un ordinario; mis árboles genealógicos, los escudos de mi casa, mis ejecutorias, y los méritos de mis mayores que usted ve en estos papeles valen más que usted y todas las casas de las monjas.

Todo está muy bueno –respondía el casero–; usted será muy caballero y muy noble, y tendrá infinitas pruebas de su lustre, pero las monjas no comen ejecutorias ni noblezas; ha de cubrir la renta, o se muda.

En éstas y las otras nos hicimos de razones; quise tomar una silla vieja para acabársela de romper en la cabeza, pero él cogió otra, y nos

---

141 «Como estaban al principio.»

142 *Holán*: mex. *Faralá*: adorno compuesto de una tira de tela, plegado y cocido en la parte superior.

143 *No entender de grajas*: No aceptar algo en que se recela engaño.

dimos una aporreada de buen tamaño, hasta que entró la casera y nos contuvo; pero al fin el inicuo casero consiguió lo que quiso, que fue lanzarme de la casa, quedándose con mi baúl y mi memela; mas me dejó vestir, que en gentes de su clase fue una generosa heroicidad, pues si ha cabido en otros, ni aun eso me permiten.

Salíme avergonzado un poquillo; pero muy enojado, triste y con mis papeles debajo del brazo en solicitud de un amigo. Hallé un monigote alquilón[144] que se compadeció de mí, y me llevó a su casa.

Allí estuve algunos días, tenía una hermana bonita; me gustó, la enamoré, condescendió, fuimos amigos; el monigote lo supo, nos espió, nos cogió, y me dio tal tarea de trancazos,[145] que volví a visitar el hospital.

Los jueces sentenciaron a su favor (¡desgracia de hombres buenos como yo!), y a buen librar salí del hospital desnudo.

No pude parecer entre mis amigos esta vez, y solicité el patrocinio de las hembras. Me llevó una buena vieja a su casa; tenía cinco doncellas a su cargo y en su casa, que era una accesoria, en la puerta negociaban su subsistencia; yo tenía que ver y que callar para comer; pero también tenía que ir a traer pato, aguardiente, café y lo que querían mis señores.

Esta vileza no podía ser grata a un caballero de honor como yo era, y así determiné mudar de vida.

Consulté con mi talento y conforme al decálogo que había aprendido, y saqué que debía buscar mi comodidad a costa de todo el mundo.

Según estos principios, la noche que estaban todas más dormidas, hice un lío de su ropa y me marché para la calle.

Al día siguiente, antes que las buscaran, vendí todas sus prendas en el baratillo, me habilité de lo que me hacía falta, y me retiré a un barrio muy distante del suyo.

Seguí como siempre, y era la fortuna que en todas partes encontraba catrines. Pasé, tal cual, algunos días; mas al fin se me arrancó, y ya no hallaba almena[146] de qué colgarme.

En medio de mi triste situación encontré un buen amigo que me animó, diciéndome que yo era para nada, pues no sabía mantener un cuerpo solo; pero que me conocía talento muy propio para cómico, que solicitara una plaza de éstas, y me acordaría de él.

Como lisonjeó mi vanidad, admití su consejo: fui al Coliseo, pre-

---

144 *Monigote:* Lego de convento. *Alquilón*: Arrendatario.

145 *Trancazos*: Golpes.

146 *Almena*: Defensas que coronan los muros de las fortalezas.

tendí una plaza, me dieron la de *mite o mete muertos*,[147] y yo por ver si era plaza de escala,[148] la recibí con mucho gusto.

En poco tiempo quise a todas las cómicas, y no solo a ellas, sino a cuantas podía; mi habilidad iba tomando crédito, y yo hubiera sido el primer galán si me hubieran permitido las damas; pero me encargué tan de veras a su obsequio que en cinco meses dieron conmigo en el hospital de San Andrés... ¡Válgame Dios!, ¡qué suerte fue la mía, siempre me he visto en cárceles y hospitales!

¿Qué padecería en San Andrés? El que hubiera estado allí que lo diga. Por poco no me reducen al estado de Orígenes[149]. Salí medio hombre por una fortuna singular; pero salí flaco, descolorido y con una frazada en el hombro.

En medio de esta situación, me encontró uno que había sido criado de mi casa. Luego que me vio, me conoció y me dijo: «Válgame Dios, niño!, y ¡qué estado tan infeliz es el suyo!

—Acabo de salir del hospital –le contesté–, y a gran dicha tengo verme en pie.

—¡Que siento las desgracias de usted!: no tendrá usted destino.

—Ya se ve que no lo tengo.

—Si quisiera usted una conveniencia[150] de portero, yo sé que en casa del conde de Tebas lo solicitan; dan ocho pesos y la comida.

—Pues más que dieran ochocientos, yo no he nacido para portero, y mucho menos para servir al conde de Tebas, que es mi padrino de brazos y allí me echaron el agua.[f]

—Pues, señor –proseguía el mozo–, ¿podía usted acomodarse en el estanco?, siquiera ganara cinco reales diarios.

—Calla, bobo, ¿un caballero como yo se había de reducir a cigarrero?

—Pues acomódese de escribiente.

—Menos: mi letra es de rico, y estoy hecho a que los licenciados me sirvan de amanuenses.

—Pues en una tienda.

—¿Yo había de tiznarme con el carbón y la manteca?

—Pues...

—Déjate de pueses. ¿Has olvidado que soy el señor don Catrín de

---

147 *Metemuertos*: Persona encargada de retirar los muebles en los cambios de escenarios.

148 *Plaza de escala*: Puesto con posibilidades de ascenso.

149 *Reducir al estado de Orígenes*: Castrar.

150 *Conveniencia*: puesto.

f [nota del autor] *Véase el cap. IX donde fue bautizado a lo pollo*. En esta nota Lizardi alude al episodio que tuvo lugar en la casa del Conde de Tebas.

la Fachenda, nobilísimo, ilustrísimo y caballerísimo por todos mis cuatro costados? ¿Cómo quieres que un personaje de mis prendas se sujete a servir a nadie en esta vida, si no fuera al rey en persona? Vete, vete, y no aumentes mis pesadumbres con tus villanos pensamientos.

El criado se incomodó, y me dijo: Pues señor don Catrín, quédese usted con su nobleza y caballería, y quédese también con su hambre y su frazada.

Dicho esto se fue, y yo seguí andando sin saber adonde ir.

Eran las tres de la tarde, y yo no había probado gota de alimento, ni aun tenía esperanza de probarlo; pero ni sabía en dónde recogerme aquella noche. No me había quedado más que una media camisa, pantalón, botas, sombrero y frazada; todo viejo, sucio y roto; así mismo conservaba mis ejecutorias y papeles de nobleza, que llevé al hospital y cargaba ese día debajo del brazo.

Viéndome muerto de hambre, me resolví a empeñar estas preseas[151] en cualquier cosa; aunque con harto dolor de mi corazón. Éntreme en una tienda, y le dije al tendero mi atrevido pensamiento. Éste veía los papeles y me veía a la cara lleno de admiración; y al cabo de rato, casi con las lágrimas en los ojos, me dijo: ¿Es posible, Catrín, que tú eres mi ahijado y el hijo tan amado de mi compadre? Vamos, que si yo no lo viera, si no tuviera en mis manos tu fe de bautismo, creería que tratabas de engañarme.

Después de mil preguntas que me hizo, y de mil mentiras que le conté acerca del origen de mis desgracias, sacó un vestido de los suyos y veinte pesos que me dio, con lo que me despedí muy contento.

Con este socorro se alivió mi estómago, me habilité de lo que me faltaba, como varita, cadena de reloj y otros muebles tan necesarios como éstos. A la noche me fui a refugiar en casa de la vieja casera, y como aún tenía doce o catorce pesos, me hizo un buen hospedaje. Al día siguiente tomé un cuarto, saqué mi colchón y mi baúl, y cátenme otra vez hecho gente y ladeándome en los cafés con mis amigos.

Como ya la fortuna me había golpeado, temí verme otra vez en la última miseria; y así trate de prevenirme contra sus futuros asaltos. Para esto comuniqué mis cuidados con otro amigo que estaba peor que yo; pero tenía talento, valor y disposición para cualquier cosa, y éste me animó a hacer lo que leeréis más adelante.

---

151 *Preseas*: Alhajas, joyas.

Capítulo II

Admite un mal consejo, y va al Morro de La Habana[152]

¿Quién será capaz de negar la utilidad que nos proporcionan los amigos con sus saludables consejos? Este amigo, para ahorrar palabras, me persuadió a que le acompañara a robar cinco mil pesos a un viejo comerciante que pensaba que dormía solo.

Yo, bien instruido en el precioso decálogo, y sabiendo que la necesidad no está sujeta a las leyes comunes, admití el consejo; emplazamos día y hora; fuimos a la tienda a las ocho de la noche, entramos para sorprender al dueño, y pensando hacer algo de provecho, cerramos la puerta con llave; pero nos echamos corral nosotros mismos, porque salieron a un grito del viejo cuatro mozos armados, nos pusieron las pistolas en los pechos, nos amarraron y nos llevaron a la cárcel. No pudimos negar las intenciones, y por solo éstas nos condenaron a dos años de presidio en el Morro de La Habana, y los fuimos a cumplir contra toda nuestra voluntad.

En aquella ciudad fuimos de bastante provecho, porque compusimos los castillos de la Punta y del Príncipe,[153] servimos en los arsenales, cooperamos al mejor orden de la policía en la limpieza, e hicimos otras cosas tan útiles como éstas.

Bastantes hambres, desnudeces y fatigas tuvimos que sufrir en este tiempo; pero lo más insoportable era el trato duro, soez y aun cruel

---

152 *Morro de la Habana*: A la entrada del canal que conduce a la bahía habanera, en un promontorio, se levanta el Castillo del Morro, antes de los Santos Tres Reyes Magos. Edificado en 1589, el Morro, como comúnmente se lo conoce, es la fortificación más antigua construída por los españoles en América.

153 *Castillos de la Punta y del Príncipe*: Fortificaciones renacentistas construídas en el Siglo XVI. Fueron parte del «escudo de la Habana,» formando el énclave mejor protegido del sistema defensivo que España montó para atrincherar sus puertos de los persistentes asaltos de piratas y corsarios.

que nos daba el cómitre[154] maldito, bajo cuya custodia trabajábamos. Ya se ve, era un mulato, ruin y villano, poco acostumbrado a tratar a los caballeros de mi clase; y así, cuando se le antojaba, o le parecía que no andábamos ligeros, nos sacudía las costillas con un látigo. Esto me hacía rabiar, y os aseguro que a no haber estado indefenso y atado con una cadena, a modo de diptongo, con mi amadísimo compañero, yo le hubiera hecho ver a aquel infame cómo debía portarse con los caballeros de mi rango.

No obstante, puse al gobernador un escrito quejándome de los malos tratamientos de aquel caribe, alegándole mi notoria nobleza, y presentándole mis ejecutorias y papeles. Pero como la fortuna se complace en abatir a los ilustres y perseguir la inocencia, el señor gobernador no solo no me hizo justicia, sino que me exasperó con el decreto siguiente:

«La nobleza se acredita con buena conducta mejor que con papeles. Sufra esta parte sus trabajos como pueda, pues un ladrón ni es noble, ni merece ser tratado de mejor modo.»

¿Qué os parece, queridos compañeros? ¿No fue ésta una injusticia declarada del gobernador? Sí, ciertamente; y yo me irrité tanto, que maldije a cuantos nobles hay; rompí los papeles, los masqué y los eché al mar hechos menudos pedazos, pues que de nada me servían.

Pasaron por fin los dos años, se me dio mi libertad, y me volví a México, mi patria; pero como ya había roto mis ejecutorias, y abjurado de toda cosa que oliera a nobleza, me dedique a divertirme y a buscar la vida sin vergüenza.

Degeneré de la ilustre familia de los catrines, y me agregué a la entreverada de los pillos. Cuando tenía un pedazo de capote o levita dada, me asociaba con los pillos de este traje, y cuando no, le sabía dar bastante aire a una frazada y acompañarme con los que las usaban, uniformando siempre mis ideas, palabras y acciones con aquellos de quienes dependía.

Entre las ventajas que conseguí en el presidio, cuento tres principales, que fueron: perder toda clase de vergüenza, beber mucho y reñir por cualquier cosa. Con esto la fui pasando así, así. Mis amigos eran todos como yo; mi ropa y alimento, según se proporcionaba; mi casa, donde me cogía la noche; mis tertulias, los cafés, billares, vinaterías, pulquerías y bodegones.

---

154 *Cómitre*: Capitán de mar bajo las órdenes del almirante, a cuyo mando estaba la gente del navío.

Después de todo, por bien o por mal, yo no me quedaba sin comer, beber y andar las calles, y esto sin trabajar en nada; pues me dejó tan hostigado el trabajo de los dos años de La Habana, que juré solemnemente e hice voto de no volver a trabajar en nada en esta vida; juramento que he cumplido con la escrupulosidad propia de una conciencia tan ajustada y timorata[155] como la mía.

En medio de las necesidades que persiguen a todo literato hombre de bien como yo, solía verle la cara alegre a la fortuna algunas veces, y en éstas, si me habilitaba de algún punterillo[156] razonable, me vestía decente, y concurría con mis primeros amigos, pues así como la cabra se inclina al monte, así yo, quién sabe por qué causa,[g] me inclinaba a la catrinería, aunque después de haber olvidado mi nobleza.

Mas no penséis que la fortuna se me mostraba alegre por sola su bondad o su inconstancia, sino porque yo hacía mis diligencias tan activas y honestas como las que os voy a referir.

Una vez andaba vestido de catrín y sin medio real, encontré a una mujer que vendía un hilo de perlas en el Parían, y pedía por él ochenta pesos. Ajusté el dicho hilo en sesenta y ocho; la mujer convino en el ajuste; la llevé a un convento, diciéndole que lo vería mi tío el provincial, que era quien me lo había encargado para mi hermana, su sobrina. La buena mujer me creyó sobre mi frac y mi varita; me dio el hilo; se fue conmigo al convento, la dejé esperando en la portería su dinero, y yo, como los cuentos, entré por un callejoncito y salí por otro; esto es, entré por la portería y salí por la puerta falsa. La zonza aún me estará aguardando. Yo en la tarde vendí el hilo en treinta pesos a un pariente marcial, que al ver la barata lo compró sin pedirme fiador ni mosquearse para nada, después que le advertí que no lo vendiera en México. Tales eran mis ingeniadas. ¿Y esto no prueba un talento desmedido, una conducta arreglada y un mérito sobresaliente? Que respondan los catrines y los pillos.

En una de estas vueltas de mi buena suerte, estando en un café, fue entrando el pobre Taravilla, mi antiguo amigo y compañero de armas y de vivienda, de quien os hablé en el capítulo tercero; pero

155 *Timorata*: Que se escandaliza con exageración de cosas que no le parecen conforme a la moral convencional.

156 *Habilitarse de un punterillo*: fig. Tener puntería. Saber aprovecharse de una situación.

g [Nota del autor] *El joven bien nacido, aunque no haya logrado una exacta educación, o la haya desaprovechado; y aunque por desgracia se haya prostituido como nuestro héroe, se acuerda de cuando en cuando de su cuna, se avergüenza en su interior de su proceder, y quisiera entonces volverse a ver en el paralelo de que se ha desviado.*

¡cómo entró el infeliz! Con un uniforme viejo de teniente retirado y con dos muletas, porque estaba cojo de remate.

Catrín, amigo –me dijo–, ¿aquí estás?

Sí, viejo, aquí estoy –le respondí–, ¿qué milagro que te veo? Mas ¿qué te ha sucedido? ¿Has perdido tus movimientos en algunas campañas? ¡Pobre de ti! Así habrá sido. Siéntate, y pide lo que quieras.

Él pidió lo que más apetecía, y me dijo: ¡Ay, hermano! Venus me ha maltratado, que no Marte. Cinco veces ha visitado Mercurio las médulas de mis huesos, haciéndome sufrir dolores inmensos.[157] He jurado no volver a provocar al enemigo; pero apenas le he visto, cuando me he olvidado del juramento; le he acometido, y siempre he salido derrotado. En una de estas campañas, como se apoderó de mí, ya débil y mal herido, me redujo a la última miseria; me hizo su prisionero; me obligó a ejercitar el humilde oficio de picador, haciéndome sujetar dos brutos; mi habilidad no pudo domar su brío; ellos pudieron más que yo, y en una de las caídas que me dieron quedé tan mal parado como ves.

A seguida nos contó todas sus aventuras, señalando no solo sus cómplices, sino sus nombres, señas, calles y casas donde vivían, con tanta puntualidad y tanta gracia, que todos nos reímos y nos admiramos de su memoria y de su chiste. Yo me burlé de su cojera grandemente.

¿Quién me había de decir que dentro de pocos días me había de ver en peor situación? Así fue, como lo vais a ver en el capítulo que sigue.

157 Juego de doble sentido aprovechando las alusiones mitológicas. Venus alegoriza el Amor; Marte, la Guerra, y Mercurio es el dios del comercio. El estado calamitoso de Taravilla fue causado por la sífilis para cuya cura recibió mercurio, modo en que se trató esta enfermedad hasta principios del siglo XX.

Capítulo 12

En el que da razón del motivo por que perdió una pierna, y cómo se vio reducido al infeliz estado de mendigo

Taravilla comió y bebió esta vez a mis costillas, como yo comía y bebía siempre a las de otros; al fin era de la ilustre raza de los catrines.

Despidióse, y a poco rato nos fuimos todos a recoger a nuestras casas o a las ajenas.

Pasé algún tiempo en la alternativa de pillo y de catrín, y una ocasión por cierta aventura amorosa, que no os escribo por no ofender vuestros oídos castos, reñí con el marido de mi dama, y éste tuvo la suerte de darme tan feroz cuchillada en el muslo izquierdo, que casi me lo dividió.

A mis gritos acudió la gente..., ¡qué gente tan despiadada es la de México!... ¿Si será así la de todo el mundo? Se juntaron muchos a la curiosidad; nos vieron reñir, y nadie trató de apaciguarnos; me hirió mi enemigo, arrastró y maltrató a su mujer, y nadie se lo impidió; se la llevó donde quiso y ninguno lo siguió; quedé yo desangrándome, todos me veían y decían: ¡pobrecito!, pero ni llevaban el confesor ni el médico, ni había uno siquiera que me contuviera la sangre.

A fuerza de juntarse muchos bobos insensibles, llegó un oficial, hombre bueno (que entre muchos malos y tontos es difícil que no se halle alguno bueno y juicioso) que hizo llamar una patrulla, la que me llevó al juez; éste determinó se me condujese al hospital. Me tomaron declaración, dije lo que se me antojó, y por conclusión de todo, salió que me cortaron la pierna, porque se me iba acancerando a gran prisa.

Me la cortaron en efecto, y por poco no me muero en la operación.

Algunos días después me echaron a la calle, lo que tuve a gran felicidad, porque temía ir a la cárcel a responder de todo.

Como no podía tenerme en pie como las grullas,[158] fue necesario habilitarme un par de muletas, lo que no me costó poco trabajo.

Ya con estos muebles, y hechos mis trapos mil pedazos, salí, según he dicho; pero, ¿a dónde, y a qué?, a las calles de Dios a pedir limosna, pues en un pie ya no estaba en disposición de ingeniarme, ni de andar ligero como cuando tenía cabales los miembros de mi cuerpo.

Aunque había dejado en La Habana toda la vergüenza, y nada se me daba del mundo, confieso que se me hizo duro a los principios el ejercicio de mendigo; mas era necesario pedir limosna o morir de hambre.

Los primeros días se me hacía el nuevo oficio muy pesado, porque no tenía estilo para humillarme mucho, para porfiar, ni para recibir un taco con paciencia; pero poco a poco me fui haciendo, y dentro de dos meses ya era yo maestro de pedigüeños y holgazanes.

Luego que tomé el sabor a este destino, y comprendí sus inmensas y jamás bien ponderadas ventajas, lo abracé con todo mi corazón, y dije para mi sayo[159]: mendigo he de ser *ex hoc nunc est usque in saeculum*.[160]

Conforme a este propósito me dediqué a aprender relaciones, a conocer las casas y personas piadosas, a saber el santo que era cada día, a modular la voz, de modo que causaran compasión mis palabras, y a otras diligencias tan precisas como éstas, lo que llegué a saber con tanta perfección que me llevaba las atenciones, y cuantos me oían tenían lástima de mí. «¡Pobrecito cojito», decían algunos, «y tan mozo!» No me bajaba el día de diez o doce reales, amén de lo que comía y me sobraba, y esto era tanto, que se me hacía cargo de conciencia tirarlo; y así busqué una pobre con quien partir mis felicidades y bonanzas.

En efecto, hallé a una muchacha llamada Marcela, de bastante garbo y atractivo, a la que sostuve pobremente. Ella cuidaba de mí con harto esmero, y tuvo tanta gracia y economía, que en cuatro meses se vistió como la mejor y me vistió a mí también; de manera que de noche, después que acababa yo de recoger mi bendita,[161] me iba a casa, me ponía de catrín, me acomodaba mi pierna de palo, y me iba a merendar con Marcela, a donde yo sabía que no había quien me conociera.

Yo mismo me admiraba al advertir que lo que no pude hacer de

158 *Grulla*: Ave zancuda.

159 *Decir para mi sayo*: colq. Decir como hablando a solas.

160 «Desde ahora y para siempre.»

161 *Bendita*: Limosna.

colegial, de soldado, de tahúr, de catrín ni de pillo, hice de limosnero; quiero decir, mantuve una buena moza con su criada en una vivienda de tres piezas, muy decente como yo, y esto sin trabajar en nada ni contraer drogas, sino solo a expensas de la fervorosa piedad de los fieles. ¡Oh, santa caridad!; ¡oh, limosna bendita!; ¡oh, ejercicio ligero y socorrido! ¡Cuántos te siguieran si conocieran tus ventajas! ¡Cuántos abandonaran sus talleres! ¿No se comprometieran en los riesgos y pagaran a peso de oro el que les sacaran los ojos, les cortaran las patas, y los llenaran de llagas y de landre[162] para ingerirse en nuestras despilfarradas, pero bien provistas compañías?

Gran vida me pasaba con mi oficio. Os aseguro, amigos, que no envidiaba el mejor destino, pues consideraba que en el más ventajoso se trabaja algo para tener dinero, y en éste se consigue la plata sin trabajar, que fue siempre el fin a que yo aspiré desde muchacho.

Después que experimenté las utilidades de mi empleo, ya no me admiro de que haya tantos hombres y mujeres decentes, tantos sanos y sanas, tantos muchachos y aun muchachas bonitas ejercitándose en la loable persecución de pordioseros.

Menos me admiro de que haya tantos hipócritas declamadores contra ellos. La virtud es siempre perseguida y la felicidad envidiada. Dejaos, crueles y mal intencionados escritores; dejaos de apellidar a los míseros mendigos, sanguijuelas de las sociedades en que se permiten. No os fatiguéis en persuadir que es una piedad mal entendida el dar al que pide por Dios, sea quien fuere, sin examinar si es un vago, o un pobre legítimamente necesitado. Cesad de endurecer los corazones, asegurando que son más los ociosos que piden para sostener sus vicios, que los inválidos infelices que se acogen a este recurso para mantener su vida. Ya sabemos que toda vuestra crítica mordaz no se funda sino sobre vuestra malicia y envidia refinada; pero, ¡necios!, ¿no podéis disfrutar los beneficios que nosotros, al mismo precio y sin malquistarnos con los corazones piadosos? ¿Tanto cuestan dos muletas y un tompeate[163]?; ¿tanta habilidad se necesita para fingirse ciegos, mancos o tullidos?; ¿es tan gran dolor el que se sufre con hacerse diez o doce llagas con otros tantos cáusticos[164]?; ¿es menester cursar algunas universidades para aprender mil relaciones, aunque estén llenas de disparates?, y, por último, ¿hay algún examen que

164 *Cáusticos*: Ácidos que queman y destruyen los tejidos.
162 *Landre*: Inflamación de un ganglio linfático.
163 *Tompeate*: Canasta de mimbre.

sufrir, ni algunos veedores que regalar para incorporarse en nuestro sucio, asqueroso y socorrido gremio? ¿Pues qué hacéis, mentecatos? Venid, venid a nuestros brazos; abandonad vuestras plumas, echaos una mordaza, habilitaos de unos pingajos[165] puercos, haced lo que nosotros, y disfrutaréis iguales comodidades y ventajas.

Así hablara yo a nuestros enemigos, y si tuviera diez o doce hijos, les enseñaría este fácil oficio, los repartiera en varias ciudades, y les jurara que con tantita economía que tuvieran a los principios, en breve se harían de principal.

Encantado con mi destino, en el que me hallé, como dicen, la bolita de oro,[166] vivía muy contento con mi Marcela, que como estaba sobrada de todo, me quería mucho y nada le advertía que pudiera desagradarme. Todo era para mí abundancia, satisfacción y gusto. Es verdad que de cuando en cuando no faltaban sus incomodidades caseras y callejeras. Aquéllas eran originadas por mis imprudencias cuando se mezclaban con aguardiente; pero Marcela sabía terminarlas con felicidad; me daba un empujón sobre la cama cuando me veía más furioso y me quitaba las muletas, con lo que me quedaba yo hablando como un perico; pero sin poder moverme del colchón ni hacerle daño. Así que se me quitaba la chispa,[h] me hacía cuatro cariños y quedábamos tan amigos como siempre.

No eran así las incomodidades callejeras. Éstas las originaba la envidia de mis compañeros, otros pobres tan necesitados como yo, que pensando que les quitaba el pan de la boca, no cesaban de ultrajarme diciendo unos con otros y en mi cara: ¡qué cojo maldito tan vagabundo y mañoso!; ¿por qué no se irá al estanco, o se acomodará a servir de algo, y no que, estando tan gordo y tan sin lacras, se finge más enfermo que nosotros, y con su maldita labia nos quita el medio de las manos?

Así se explicaban estos pobres; pero yo hacía oídos de mercader,[167] y seguía gritando más recio, y recogiendo mis migajas; sin embargo, no dejaba de incomodarme por su envidia.

Un año, poco más, disfruté de las dulces satisfacciones que he dicho; pero como todo tiene fin en este mundo, llegó el de mi dicha, según veréis en el capítulo que sigue.

---

165 *Pingajo*: coloq. Harapo.

166 *Hallar la bolita de oro*: coloq. «Sacarse la lotería.»

h [Nota del autor] *Ponerse la chispa es tina de las muchas frases con que aquí se dice embriagarse, y quitarse la chispa es decir que se alivió.*

167 *Hacer oídos de mercader*: Equivalente a «hacer oídos sordos,» no querer escuchar.

Capítulo 13

En el que cuenta el fin de su bonanza y el motivo

¿Quién ha de creer que el regalo y el chiqueo sean muchas veces los asesinos de los hombres? Extraño parece; pero es una verdad constante y muy experimentada, especialmente por los ricos.

El trato que yo me daba, a excepción del traje de día, era como el que se puede dar el más acomodado y regalón. Por lo ordinario me levantaba de la cama entre las nueve y diez de la mañana, y este régimen contribuyó a destruir mi salud. No sabía yo la máxima de la escuela salernitana[168] que dice que siete horas de sueño bastan al joven y al viejo. *Septem horas dormire sat est juvenique senique.*

Ignoraba yo esto, y lo que Salomón dice a los perezosos en sus Proverbios.[i]

Por otra parte, mi mesa era abundante para los tres, y muy exquisita para mí; porque Marcela era hija de una que había sido cocinera de un título y de muchos ricos, y había aprendido perfectamente el arte de lisonjear los paladares, provocar el apetito y dañar el estómago; con esto, me hacía mil bocaditos diferentes y bien sazonados cada día. También este regalo me fue perjudicial al fin.

Yo no sabía en aquel tiempo que el gusto del paladar hace más homicidios que la espada, en frase de un escritor francés;[j] que Alejandro,[169] que salió victorioso de mil combates, fue vencido por la gula

168 *Salernitano/a*: Natural de Salerno, Italia.

i [Nota del autor] *No ames el sueño, no sea que caigas en la necesidad. Sé vigilante y vivirás en la abundancia. Tú dormirás un poco, dormitarás un rato, cruzarás otro poco las manos para descansar, y la pobreza vendrá sobre ti como hombre armado. Prov., 24.*

j [Nota del autor] *Blanchard.*

169 Alejandro III de Macedonia (356-323 a.C). Mejor conocido como Alejandro Magno, fue uno de los líderes militares más importantes de la historia por haber conquistado el Imperio Persa.

y los deleites, y murió a los treinta y dos años de su edad; que la frugalidad alarga la vida tanto como la acorta la destemplanza; que Galeno,[170] médico antiguo, pero sabio en su tiempo, decía: «cuando veo una mesa llena de mil manjares delicados, me parece que veo en ella los cólicos, las hidropesías, los tenesmos,[171] insultos,[172] diarreas y todo género de enfermedades». Ignoraba que el sabio dice: «los excesos de la boca han muerto a muchos; pero el hombre sobrio vivirá más largo tiempo».[173]

El sabio inglés Juan Owen[174] escribió sobre esto un epigrama en latín, que en castellano se tradujo así:

No muchos médicos
ni medicina:
ten pocas penas,
sobria cocina,
si largo tiempo
vivir aspiras.

«La templanza y el trabajo, dice el filósofo de Ginebra (Rousseau), son los dos verdaderos médicos del hombre: el trabajo excita su apetito, y la templanza le impide abusar de él.»

Un médico preguntó a P. Bourdaloue[175] qué régimen de vida seguía; y este sabio respondió que no hacía sino una sola comida al día. «No hagáis», le dijo el médico, «no hagáis público vuestro secreto, porque nos quitará usted de oficio, pues no tendremos a quien curar.»

San Carlos Borromeo,[176] estando muy enfermo, y advirtiendo las contradicciones de los médicos acerca de definir su enfermedad, los despidió; moderó su mesa; se privó del regalo, se sujetó a un régimen simple y uniforme, sanó, y se mantuvo con tanto vigor, que soportó los trabajos de su obispado a que se entregó con tanto celo.

El autor del Eclesiástico dice: «Si estás sentado en una gran mesa,

170 *Galeno de Pérgamo* (130-200). Médico griego cuya influencia dominó la medicina europea durante más de un siglo.

171 *Tenesmos*: Evacuaciones frecuentes.

172 *Insultos*: Indisposición repentina que priva de sentido o de movimiento.

173 «Sé moderado y no te enfermarás» Eclo, 31. 32.

174 *John Owen* (1616-83). Teólogo y poeta inglés, autor, entre otras obras, de *Justitia divina* (1653) y *Of Temptation* (1658).

175 *Louis Bourdaloue* (1632-1704). Jesuita jansenista francés, conocido por la fuerza predicadora de sus sermones que se recitaban a diario.

176 *San Carlos Borromeo* (1538-84). Se lo venera como santo del saber y las artes.

no te dejes llevar del apetito de tu boca. No seas», dice en otra parte, «de los últimos a levantarte de la mesa, y bendice al Señor que te ha criado y que te ha colmado de sus bienes.»

Éstas y otras cosas ignoraba yo, cuya observancia conduce efectivamente a mantener la salud con vigor. El último amigo que tuve, y que pienso fue el único, me instruyó en estas reglas; pero tarde, porque ya estaban mis fuerzas enervadas, gastada mi salud y consumidos mis espíritus.

Entre los matadores que tuve, fue sin duda el mayor el uso excesivo de licores. Yo tenía la precaución de no embriagarme de día para no perder el crédito entre mis piadosos favorecedores, pero de noche me ponía unas chispas inaguantables.

Este abuso no solo perjudicó mi salud, sino que me exponía frecuentemente a mil burlas, desaires y pendencias. Yo conocía la causa de mi mal, pero no tenía la fortaleza necesaria para abandonarla.

Una noche (no estaba yo muy perdido) bebía con mis amigos nocturnos en una fonda, y bebía más que todos. A uno de los concurrentes, no sé por qué razón le causé lástima, y con todo disimulo hizo que la conversación recayera sobre los perjuicios que causa el exceso de la bebida. ¡Oh, y qué buen predicador nos encontramos! Él decía: Señores, no hay remedio, Dios lo creó todo para el hombre, y no puede negarse que un buen trago de vino o de aguardiente reanima nuestras fuerzas, promueve la digestión, vivifica el espíritu, hace derramar la alegría en nuestra sangre, y distrayéndonos de los cuidados y pesares que nos rodean, nos concilia un sueño tranquilo y provechoso.

A mí me agrada bastante un trago de vino, especialmente cuando estoy en sociedad con mis amigos. No soy para esto escrupuloso: me acuerdo que el mismo Dios por el Eclesiástico dice: «el vino ha sido criado desde el principio para alegrar al hombre, y no para embriagarlo. Bebido con moderación, es la alegría del alma y del corazón, y tomado con templanza es la salud del espíritu y del cuerpo. Así como bebido con exceso es la amargura del alma, y causa riñas, displicencias y muchos males.»[k]

A más del estrago que causa en la salud, y en el espíritu, perturba la razón en el hombre y lo hace un objeto dignamente ridículo a cuantos observan sus descompasadas acciones, sus balbucientes palabras y sus desconcertados discursos.

---

k [Nota del autor] *Ecles, 31. V, 35, etcétera.*

No es menester que el bebedor esté incapaz de hablar ni de moverse. En este caso ya está narcotizado, y no puede causar cólera ni risa. Cuando está, como dicen ustedes, a media bolina o medio borracho, entonces es cuando hacen reír o incomodar sus necedades. Aun de hombres distinguidos nos acuerda la historia hechos ridículos y extravagantes, que no dimanaron de otro principio sino de lo mucho que bebían.

¿Quién no se reirá de buena gana al oír que el famoso poeta Chapelle,[177] platicando y bebiendo una noche con un mariscal de Francia, resolvió ser mártir con su compañero, a quien dijo que ambos irían a la Turquía a predicar la fe cristiana? «Entonces, decía Chapelle, nos prenderán, nos conducirán a cualquier bajá:[178] yo responderé con constancia, y vos también, señor mariscal; a mí me empalarán, a vos después de mí; y vednos luego luego en el paraíso.» El mariscal se enojó porque el poeta quisiera ponerse primero que él, y sobre esto armaron tal campaña, que se tiraron uno al otro, haciendo rodar las sillas, mesas y bufetes. ¿Cuál sería la risa de los que acudieron a apaciguarlos, al oír el motivo de su riña?

Mr. Blanchard tuvo cuidado de conservarnos esta anécdota, y al dicho abate le cae más en gracia que otra vez en casa del famoso Moliere,[179] este mismo Chapelle, después de haber bebido con sus compañeros, disgustado de las miserias de la vida, los persuadió a que sería una grande heroicidad el matarse por no sufrirlas. Convencidos los camaradas con los discursos del poeta, resolvieron ir a ahogarse en un río que estaba cerca de la casa de Moliere. En efecto, fueron y se arrojaron al agua. Algunos de la casa que los siguieron y otras gentes del lugar los sacaron. Ellos se irritaron y los querían matar por semejante agravio. Los pobres criados corrieron a refugiarse a la casa de Moliere. Informado éste del motivo de la riña, les dijo que ¿por qué siendo su amigo, querían excluirlo de la gloria de que participaría siguiendo su proyecto? Todos le concedieron la razón, y lo convidaron a que se fuera al río para que se ahogara con ellos. «Poco a poco –contestó Moliere–: éste es un gran negocio, y conviene que se trate con madurez. Dejémoslo para mañana, porque si nos ahogamos de noche, dirán que

177 *Claude-Emmanuel Chapelle* (1626-86). Poeta y libertino francés, amigo de Gassendi, Boileau, y Moliere. Su obra más conocida es *Voyage en Provence* (1663).

178 *Bajá*:Título honorífico en los países musulmanes.

179 *Jean-Baptiste Poquelin*, mejor conocido como Moliere (1622-73). Actor y dramaturgo francés considerado uno de los comediantes más brillantes del teatro occidental.

estamos desesperados o borrachos; mejor es que lo hagamos de día y delante de todos, y así lucirá más nuestro valor.» Los amigos quedaron persuadidos: se fueron a acostar, y al día siguiente, disipados los vapores del vino, ya todos pensaron en conservar sus vidas.

Hasta este cuento me acuerdo que le entendí al platicón;[180] pero como mientras él predicaba yo bebía, me quedé dormido sobre la mesa, y el fondero tuvo la bondad de acostarme en un banco.

A las cuatro de la madrugada volví en mí o desperté, y azorado de verme con esclavina o chaqueta, me levanté, me refregué las manos, me lavé la cara, tomé café, y me fui para mi casa muy fruncido[181] a vestirme de gala para ir a buscar la vida como siempre.

Poco tiempo la pude conservar, porque esta hidropesía de que padezco cuando escribo estos renglones, se apoderó de mí, y me acarreó todos los males que leeréis en el capítulo catorce de esta legítima y verdadera historia.

180 *Platicón*: coloq. Hablador.

181 *Fruncido*: Afectado, receloso, disgustado.

Capítulo 14

En el que da razón de su enfermedad, de los males que le acompañaron, y se concluye por ajena mano la narración del fin de la vida de nuestro famoso don Catrín

Queridos míos: cuando escribo este capítulo, que pienso será el último de mi vida, ya me siento con muchas ansias, el vientre se me ha elevado, y las piernas..., digo la pierna, se me ha hinchado más de lo que yo quisiera, y por estas razones es regular que salga menos metódico, erudito y elegante que ninguno de los de mi admirable historia, porque ya sabéis que *conturbatus animus non est aptus ad exequendum munus suum*: el ánimo afligido no está a propósito para desempeñar sus funciones, según dijo Cicerón a Antonio de Nebrija, donde únicamente he leído esta sentencia. Alabad, alabad, amigos, mi erudición y mi modestia aun a las orillas del sepulcro. Ningún escritor haría otro tanto en el borde mismo de la cuna; pero dejémonos de prevenciones: continuemos la obra, y salga lo que saliere.

Una anasarca o general hidropesía se apoderó de mi precioso cuerpo. Me redujo a no salir de casa; me tiró en la cama; Marcela llamó al médico, y entre él y el boticario me llevaron la mitad de lo que había rehundido;[182] a lo último me desahuciaron. Mi querida Marcela luego que oyó tan funesto fallo, se mudó la noche que se le antojó, llevándose de camino todo lo que había quedado; pero me dejó recomendado a la casera, lo que no fue poco favor. La dicha casera, el mismo día de la desgracia, me consiguió una cama en el hospital, me condujo a él, y cátenme ustedes sin un real, sin alhaja que lo valiera, enfermo, abandonado de la que más quería, lleno de tristeza, y entregado a la discreción de los médicos y practicantes de este bendito hospital en que me veo, y en donde no pensé verme, según lo que tenía guardado, y el amor que me profesaba Marcela.

182 *Rehundido*: Resto que queda después de fundir metales.

Pero, ¡ah, mujeres ingratas, falsas e interesables!, maldito sea quien fía de vuestras mieles, juramentos, cariños y promesas. Amáis a los hombres y los aduláis mientras pueden seros de provecho; pero apenas los veis en la amargura, en el abandono, en la cárcel o en la cama, cuando, olvidando sus sacrificios y ternezas, los desamparáis, y entregáis a un perdurable olvido.

Abrid los ojos, catrines, amigos, deudos y compañeros míos; abrid los ojos, y no os fiéis de estas sirenas seductoras que fingen amar mientras consiguen esclavizar a sus amantes; de estas perras que menean la cola y hacen fiestas mientras se comen vuestra substancia.

Hay muchas Marcelas, muchas viles, muchas interesables en el mundo. Digan los panegiristas del bello sexo que hay mujeres finas, leales y desinteresables; señálenmelas a pares en la historia; yo diré que será así: las habrá, pero no me tocó en suerte conocer a ninguna de ellas, sino a Marcela, mujer pérfida e ingrata, que apenas perdió las esperanzas de mi vida, cuando me robó, me dejó sin recurso para subsistir, y por una grande seña de su amor me encargó al cuidado de una vieja.

Mas, en fin, Dios se lo pague a esta vieja; por su piedad aún vivo, y tengo lugar para escribir estos pocos renglones.

La hidropesía, el agua, la pituita[183] o qué sé yo, que cada día me va engordando más, y yo no quisiera semejante robustez ...

Voy escribiendo poco a poco, y sin orden, y así debéis leer.

El médico me dice que me muero, y que me disponga. ¡Terrible anuncio!

El capellán ha venido a confesarme, y yo, por quitármelo de encima, le he contado cuatro aventuras y catorce defectillos.

Él me absolvió, y me aplicó las indulgencias de la bula.[184]

Se me ha traído el Viático,[185] y se me ha hecho una ceremonia muy extraña, pues si he comulgado dos veces, han sido muchas en mi vida.

El practicante don Cándido se ha dado por mi amigo; me chiquea mucho, y me predica; mas a veces me sirve de amanuense. Tengo confianza en él, y le he encargado que concluya mi historia; me lo ha ofrecido, es fanático, y cumplirá su palabra, aunque borre esta expresión; pero es un buen hombre.

---

183 *Pituita*: Secreción de las mucosas, especialmente de la nariz.

184 *Bula*: Concesión de gracia que se otorga a un difunto.

185 *Viático*: Sacramento de la eucaristía que se suministra a los enfermos que están en peligro de muerte.

Me ven muy malo sin duda, porque me han puesto un Cristo a los pies: qué sé yo qué significan estas cosas, tengo un espíritu muy fuerte.[186]

El practicante admira mi talento, compadece mi estado, y me da consejos.

Ya me cansa. Quiere que haga las protestas de la fe; que me arrepienta de mi vida pasada, como si no hubiera sido excelente; que pida perdón de mis escándalos, como si en un caballero de mi clase fuera bien visto semejante abatimiento; quiere que perdone a los que me han agraviado; eso se queda para la gente vil; el vengar los agravios personales es un punto de honor, y no hay medio[l]—entre tomar satisfacción de una injuria, o pasar por un infame remitiéndola.

Quiere este mi amigo tantas cosas, que yo no puedo concedérselas. Quiere que haga una confesión general ya boqueando. ¿Habéis oído majadería semejante?

Me espanta cada rato con la muerte, con el juicio, con la eternidad, con el infierno. Mi espíritu no es tan débil que se amedrente con estos espantajos. Yo no he visto jamás un condenado, ni tengo evidencia de esos premios y castigos eternos que me cuentan; pero si por mi desgracia fueren ciertos, si hay un Juez Supremo que recompense las acciones de los hombres, según han sido, esto es, las buenas con una gloria, y las malas con un eterno padecer, entonces yo me la he pegado, pues si me condeno escapo en una tabla.

Aun cuando hago estas reflexiones, ni me acobardo, ni siento en mi corazón ningún extraño sentimiento; mi espíritu disfruta de una calma y de una paz imperturbable.[m]

Las ansias me agitan demasiado, el pecho se me levanta con el vientre..., me ahogo..., amigo practicante, seguid la obra...

---

186 *Espíritu fuerte*: Según el Diccionario de ciencias eclesiásticas (1884), los que se atribuyen «espíritus fuertes» son los que «negándolo todo y sometiéndose a una vida puramente de sensación, renunciaron a la reflexión, al juicio y a los grandes sentimientos de amor, de generosidad y de sacrificio... El sistema que dicen profesar los espíritus fuertes es un conjunto de negaciones, es una mezcla de todos los errores» (volumen 4, página 282).

l [Nota del autor] *Así piensan los que no saben en qué consiste el verdadero honor*.

m [Nota del autor] «*La paz de los pecadores es pésima*», *dice el Espíritu Santo.*

Conclusión

Hecha por el practicante

Ya no pudo seguir dictando el triste don Catrín; la disolución de sus humores llegó a su último grado; el pulmón se llenó de serosidades, no pudo respirar, y se murió.

Se le hicieron las exequias correspondientes, según los estatutos del hospital, bajando su cadáver caliente de la cama, llevándolo al depósito, y a poco rato al camposanto.

¡Pobre joven! Yo me condolí de su desgracia, y quisiera no haberlo conocido. Él manifestó con su pluma haber sido de unos principios regulares y decentes, aunque dirigido por unos padres demasiado complacedores, y por esta razón muy perniciosos.

Ellos le enseñaron a salirse con lo que quería; ellos no cultivaron su talento desde sus tiernos años; ellos fomentaron su altivez y vanidad; ellos no lo instruyeron en los principios de nuestra santa religión, ellos criaron un hijo ingrato, un ciudadano inútil, un hombre pernicioso, y tal vez a esta hora un infeliz precito; pero ellos también habrán pagado su indolencia donde estará don Catrín pagando su relajación escandalosa. ¡Pobres de los padres de familia! A muchos, ¡cuánto mejor les estuviera no tener hijos, si han de ser malos, según dice la verdad infalible!

Luego que leí los cuadernos del pobre don Catrín, y oí sus conversaciones y me hice cargo de su modo de pensar, y del estado de su conciencia, le tuve lástima; hice lo que pude por reducirlo al conocimiento de la verdad eterna; mas era tarde, su corazón estaba endurecido como el de Faraón.

Me comprometí a concluir la historia de su vida; ¿cómo he de cumplir con las obligaciones de un fiel historiador sino diciendo la verdad sin embozo? Y la verdad es que vivió mal, murió lo mismo, y nos dejó con harto desconsuelo y ninguna esperanza de su felicidad futura.

Aún en este mundo percibió el fruto de su desarreglada conducta. Él, a título de bien nacido, quiso aparentar decencia y proporciones que no tenía, ni pudo jamás lograr, porque era acérrimo enemigo del trabajo. La holgazanería le redujo a la última miseria, y esto le prostituyó a cometer los crímenes más vergonzosos.

Se hizo amigo de los libertinos, y fue uno de ellos. Su cabeza era el receptáculo del error y de la vanidad; adornado con estas bellas cualidades, fue siempre un impío, ignorante y soberbio, haciéndose mil veces insufrible, y no pocas ridículo.

Sus hechos son el testimonio más seguro de su gran talento, fina educación y arreglada conducta.

Toda su vida fue un continuado círculo de disgustos, miserias, enfermedades, afrentas y desprecios; y la muerte en la flor de sus años arrebató su infeliz espíritu en medio de los remordimientos más atroces. Expiró entre la incredulidad, el terror y la desesperación. ¡Pobre Catrín! ¡Ojalá no tenga imitadores!

Sobre su sepulcro se grabó el siguiente epitafio.

Soneto

Aquí yace el mejor de los Catrines,
el noble y esforzado caballero,
el que buscaba honores y dinero
en los cafés, tabernas y festines.
Jamás sus pensamientos fueron ruines,
ni quiso trabajar, ni ser portero;
mas fue vago, ladrón y limosnero;
¡bellos principios!, ¡excelentes fines!
Esta vez nos la echó sin despedida,
dejándonos dudosos de su suerte:
él mismo se mató, fue su homicida
con su mal proceder ... Lector, advierte:
que el que como Catrín pasa la vida,
también como Catrín tiene la muerte.

Thank you for acquiring

Don Catrin de la Fachenda

from the
Stockcero collection of Spanish and Latin American significant books of the past and present.

This book is one of a large and ever-expanding list of titles Stockcero regards as classics of Spanish and Latin American literature, history, economics, and cultural studies. A series of important books are being brought back into print with modern readers and students in mind, and thus including updated footnotes, prefaces, and bibliographies.

We invite you to look for more complete information on our website, **www.stockcero.com**, where you can view a list of titles currently available, as well as those in preparation. On this website, you may register to receive desk copies, view additional information about the books, and suggest titles you would like to see brought back into print. We are most eager to receive these suggestions, and if possible, to discuss them with you. Any comments you wish to make about Stockcero books would be most helpful.

The Stockcero website will also provide access to an increasing number of links to critical articles, libraries, databanks, bibliographies and other materials relating to the texts we are publishing.

By registering on our website, you will allow us to inform you of services and connections that will enhance your reading and teaching of an expanding list of important books.

You may additionally help us improve the way we serve your needs by registering your purchase at:
http://www.stockcero.com/bookregister.htm

CPSIA information can be obtained
at www.ICGtesting.com
Printed in the USA
BVHW042040110722
641600BV00020B/39

9 781934 768297